孩子的语言
如何培养孩子的社交表达力

朱秀婷 —— 编著

民主与建设出版社
·北京·

©民主与建设出版社，2022

图书在版编目(CIP)数据

孩子的语言：如何培养孩子的社交表达力 / 朱秀婷编著. —北京：民主与建设出版社, 2022.3（2025.1重印）
ISBN 978-7-5139-3783-2

Ⅰ.①孩… Ⅱ.①朱… Ⅲ.①人际关系—青少年读物 Ⅳ.①C912.11-49

中国版本图书馆CIP数据核字（2022）第046505号

孩子的语言：如何培养孩子的社交表达力
HAIZI DE YUYAN RUHE PEIYANG HAIZI DE SHEJIAO BIAODALI

编　　著	朱秀婷
责任编辑	刘树民
封面设计	松　雪
出版发行	民主与建设出版社有限责任公司
电　　话	（010）59417749　59419778
社　　址	北京市朝阳区宏泰东街远洋万和南区伍号公馆4层
邮　　编	100102
印　　刷	三河市天润建兴印务有限公司
版　　次	2022年3月第1版
印　　次	2025年1月第6次印刷
开　　本	880mm×1270mm　1/32
印　　张	5
字　　数	136千字
书　　号	ISBN 978-7-5139-3783-2
定　　价	19.80元

注：如有印、装质量问题，请与出版社联系。

写给孩子们

上学时，我们期望老师喜欢我们，期望有一帮好朋友互相帮助，一起学习，一起玩耍。回到家，我们会盼望家人爱我们，每天都生活得很幸福！

我们与老师、同学、家人的关系，是我们重要的人际关系，直接影响着我们每天的心情和学习、生活质量，我们需要认真处理好这些关系。

在我们的人际关系中，很重要也是很不好处理的一种关系，是我们与同学的关系。我们每天与同学们朝夕相处，一起学习，一起玩耍，拥有良好的同学关系，能保证我们每天有一个好心情。但是，我们毕竟是生活在一个集体中，难免会遇到很多意想不到的纠纷，如何处理好这些问题，考验着我们的人际交往能力。我们要能够站在同学的角度思考问题，善于倾听，能够共情，能够多为同学着想，能够宽容和尊重别人。这样做，我们就会拥有一个良好的人际环境。

与老师的关系也是我们很重要的一种人际关系。很多同学怕老师，见到老师绕着走，遇到问题不知如何向老师请教。这需要我们掌握与老师相处的方法。掌握了方法相处就不难了。

  与父母的关系同样是我们生命里非常重要的人际关系。这种关系与生俱来，好像不需要我们去掌握什么方法。但是随着我们成长，很多想法会与父母不同，这也需要我们知道如何与父母相处，与他们成为心有灵犀的朋友。

  要处理好以上这些人际关系，需要我们掌握必要的交际方法。本书通过一系列贴近我们生活的交际场景，给出了一整套提升我们交际能力的系统方案。每一个单元包括：交际场景、专业点评、"成长中的烦恼""我会这样想""社会交际能力训练""成长问答""小贴士"，帮助大家提升交际能力，使大家成为善于处理人际关系的小能手。

  本书图文并茂，采用新颖的版面设计。每一个小板块都很有意思，内容精练，并配有根据内容绘制的精美插图。书中每一幅插图都是画家根据脚本绘制而成，非常珍贵。可爱的卡通人物形象，会让大家忍俊不禁，仿佛就是自己和周围人的日常形象，好玩、有趣。这是专门献给大家的一份成长礼物，相信大家拿到这本书会很喜欢。

  拉罗什富科说："真诚是一种心灵的开放。"让我们带着真诚的心与人交往，从而拥有一批好朋友和一个和谐的成长环境，每天都能快乐读书，健康成长。

2021 年 10 月

目录 CONTENTS

第一篇 如何与同学相处

1 见面主动打招呼 …………………… 4

2 做好自我介绍 ……………………… 8

3 主动结交朋友 ……………………… 12

4 到同学家做客 ……………………… 16

5 寻求同学帮助 ……………………… 20

第二篇 应对交往中的难题

6 同学误会我了怎么办 ……………… 28

7 同学作弄我，应该如何应对 ……… 32

8 我错了，怎样向同学道歉 ………… 36

9 计划冲突了，如何拒绝同学的邀请 …… 40

10 与同学性格不合，怎么相处 …………… 44

11 朋友变成了对手，如何良性竞争 ……… 48

第三篇　在团队中展示自己的才华

12 加入到一个团队中去 ………………… 56

13 积极参与班干部竞选 ………………… 60

14 在团队中提出不同意见 ……………… 64

15 表达自己独立的想法 ………………… 68

16 主动在团队中当领导者 ……………… 72

第四篇　找到与老师相处的方法

17 第一次到老师办公室去 ……………… 80

18 主动找老师解决问题 ………………… 84

19 找老师请假 ……………… 88

20 应对被老师突然提问 ……… 92

21 遭到老师批评 ……………… 96

22 被老师当众表扬 …………… 100

第五篇 在家中做懂事有礼的孩子

23 做爸爸妈妈的好朋友 ……… 108

24 理解爸爸妈妈 ……………… 112

25 把坏事告诉爸爸妈妈 ……… 116

26 与家族中人友好相处 ……… 120

27 有礼貌地接待客人 ………… 124

第六篇　提升交际能力的秘诀

28 尊重是相互的 ……………………… 132

29 会倾听是交际的基础 ……………… 136

30 会赞美更受欢迎 …………………… 140

31 说话懂幽默，交流更和谐 ………… 144

32 在合作分享中快乐成长 …………… 148

第一篇
如何与同学相处

　　同学是朝夕相伴的朋友，共同学习的伙伴，每天快乐的源泉。如何与同学处好关系，使每一天都过得开心快乐，这是我们必须学会的重要一课。

我要在咱们班选出6个人做一个有趣实验，有没有人愿意参加？
什么实验？
有6个无声无光的房间，每一间里都有舒适的床和很多好吃好喝的食物，每个人住在一个房间里生活4天。
实验结束时，完成实验的同学会获得很大一笔奖金。
我愿意！
我愿意！

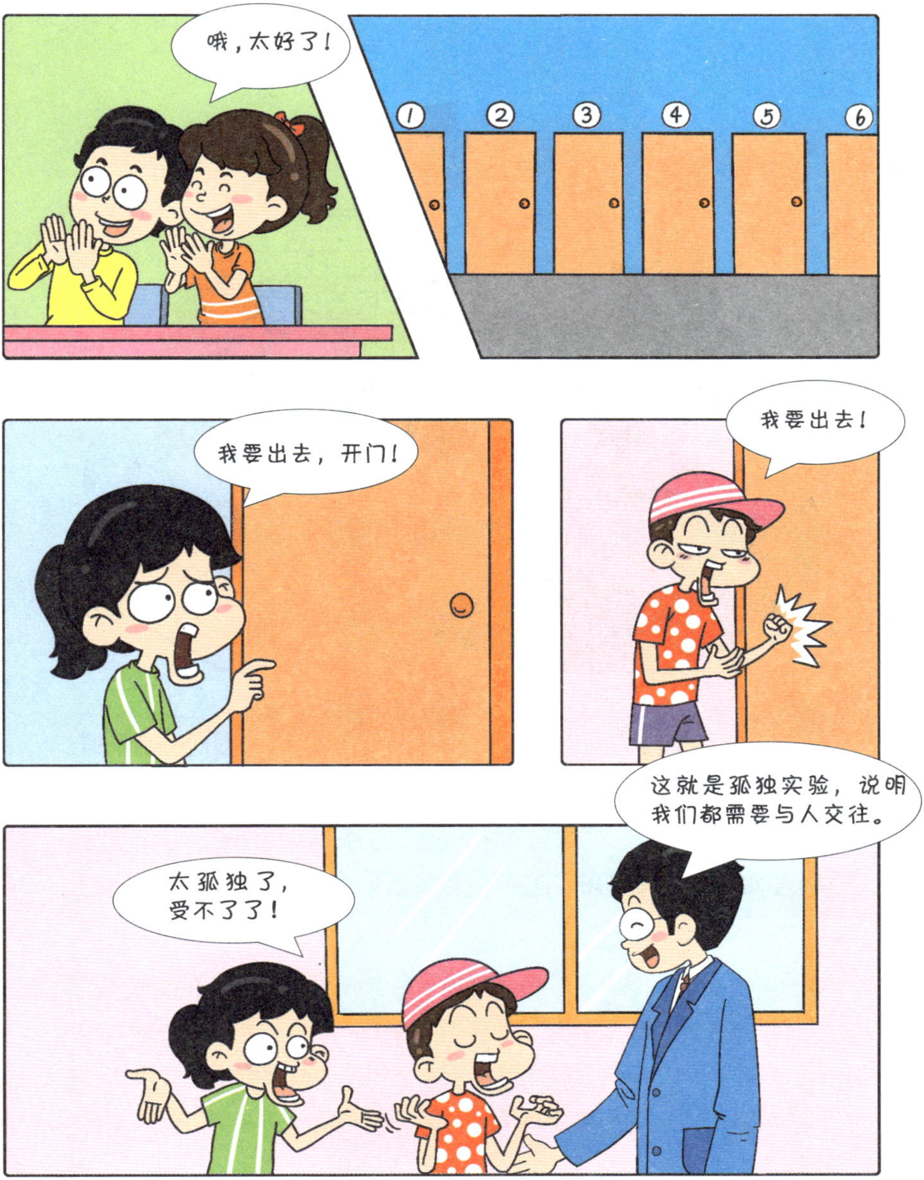
哦，太好了！
①
②
③
④
⑤
⑥
我要出去，开门！
我要出去！
这就是孤独实验，说明我们都需要与人交往。
太孤独了，受不了了！

1 见面主动打招呼

早上,我走进校园,前面走来两个同学,我主动跟他们打招呼。一个同学很热情地回应我,另一个同学有点儿羞涩,微笑了一下。我想知道,同学们在校园内遇到同学,是主动打招呼呢,还是尽量绕着走?不打招呼的话,是觉得不打招呼没有关系呢,还是内心有些害羞呢?

不管出于什么原因,遇见同学都应该打招呼。打招呼表达的是对同学的友好和尊重,是我们主动与同学建立友谊的积极方式。试着主动打招呼,你会很快发现,打招呼很容易获得同学的好感和友谊,原本与你不太亲近的同学一下子对你热情了,甚至变成你的朋友了。这个感觉会很棒的哦!

成长中的烦恼

> 见面打招呼，对方不理怎么办？多尴尬啊。

> 我不知打招呼说什么，很难堪的。

> 也许对方没有看见我，能绕着走就绕着走吧。

见面与人打招呼，是很正常的事情，不用有心理负担。只要行动起来，你就会发现，这其实是很简单的事情，很容易的，试试看吧。

我会这样想

1 主动打招呼，是尊重别人的表现，会给对方留下好印象，取得对方的好感呢。

2 没有话题也没有关系，只是微笑问好就行了，也许对方有话题呢。

3 见面绕着走，就减少了与人交往的机会，也许就错失了一份友谊呢！

第一篇 如何与同学相处

社会交际能力训练 >> **打招呼的技巧**

① 要热情礼貌

见到同学，主动喊出对方的名字问好，让对方感到很亲切，愿意接近你，与你交朋友。

② 用眼神交流

打招呼要看着对方的眼睛，显示出自己的真诚。如果看向别处，漫不经心，会让对方感觉不到你的诚意，效果就大打折扣了。

③ 话题随机应变

打招呼时，根据当时的场景，寻找合适的话题就行了。如果对方正在赶路，简单问候一声就行。如果对方与你同道，可以聊一下双方感兴趣的话题。

成长问答 >> 与人打招呼很重要吗？

因为各种原因，我们有些同学不愿意与人打招呼。要么害羞；要么觉得不知说什么好；要么怕别人不理自己；要么不重视打招呼，觉得不打招呼没什么关系。其实，打招呼是我们与人交往的第一步。主动与人打招呼，可以获得对方的好感，增进彼此的友谊和感情；获得对方回应以后，我们也会心情愉悦。所以，只管主动打招呼就好了，不用担心别人怎么回应自己。起码真心问候别人，自己内心会温暖而快乐。而一个热情的人，自然会受人欢迎。

小贴士 TIPS

打招呼要因人而异

不同的对象，用不同的方式打招呼。与同学打招呼可以随意，热情友善就好；与老师和长辈打招呼，要体现出礼貌和尊敬。

打招呼时，声音要响亮，语气要和善，能够清晰传达出要表达的信息。可以配合行为语言，如友好的注视、真诚的微笑、热情的招手、愉快的击掌等，这些都能传达我们的友好和热情。无论声音还是行为语言，都是为了向人传递出友好的信息，所以，我们越真诚越好。

第一篇 如何与同学相处

2 做好自我介绍

每到一个新环境，为了结识新同学，我都会主动把自己介绍给对方，让对方知道我是谁，以便于交往。我觉得，自我介绍是让别人认识自己的有效方式。

这样做是对的。我们有些同学不重视自我介绍，觉得没有必要；或者不知如何做自我介绍；或者认为在陌生人面前介绍自己很尴尬。有这些心理是可以理解的，但自我介绍是人际交往过程中必不可少的一个环节，是结识新朋友的有效途径，是"推介"自己的好方法，是展示自己的好方法。所以，从主动介绍自己培养自己的交际力吧。

成长中的烦恼

别人愿不愿意听我介绍呢?

好尴尬啊,那么多人看着自己。

我怎么介绍自己才能给人留下好印象呢?

不用有任何心理负担,轻松把自己介绍给别人就可以了。如果想给别人留下一个好印象,可以想出一个出彩的介绍方式,不用太拘泥于形式。

我会这样想

1 别人一定想知道我是谁,自我介绍可以让别人尽快了解我。

2 大大方方介绍自己就好了,不用有心理负担。

3 热情大方,彬彬有礼,幽默风趣,会给人留下好印象。

第一篇 如何与同学相处 9

社会交际能力训练 >> 我如何做自我介绍？

① 态度要真诚

要表现出礼貌、真诚、友善的态度，这样才可拉近与别人的心理距离，给对方留下好印象。

② 使用礼貌语言

自我介绍时先问好，要使用礼貌语言，敬辞放在前面。尊重别人也是尊重自己。

③ 先打一个腹稿

在大脑里先打一个腹稿，内容应简单明了。根据不同的场合，介绍自己相应的信息。

④ 不忘结束语

自我介绍的最后要有一个恰当的结束语。比如，感谢大家、请多关照之类，让人觉得你很懂礼貌，愿意结识你。

成长问答 >> 自我介绍要把握哪些要点？

自我介绍，就是把个人信息介绍给对方，促进彼此了解。不管是初次相识，展示自我，还是结交朋友，一个有创意的自我介绍往往会带来不错的效果，给人留下良好的印象。

自我介绍一般应包含几个要素：姓名、特点、擅长做什么等。可以介绍自己名字的积极意义；给自己的特点赋予一个积极内涵；讲述自己有趣的经历；介绍自己的爱好，等等，这样能给人留下深刻印象。

如果能够用一两句出彩的话把自己介绍给别人，就很容易加深别人的印象。所以平时可以琢磨一下，怎样介绍自己能够突出自己的特点，展示自己精彩的一面。

小贴士 TIPS　一分钟自我介绍范文

我叫杨浩，今年 11 岁，是一个爱学习、爱交际的人。我爱吃各种美食，所以我的嘴巴是为美食而生的。当然，我的嘴巴还有一个用处，就是演讲，通过演讲我可以传递我的想法。我很喜欢运动，周末常与家人出去跑步、爬山、旅游。我喜欢思考，热爱创新，自己动手制作了很多玩具。我的爱好很多，大家与我玩，一定不会感到无聊。平时，我总是愿意关心别人，帮助别人，如果你们与我交朋友，一定不会后悔的。

3 主动结交朋友

　　我特别想在班里交几个好朋友,大家一起学习、一起玩,互相支持,互相帮助。但是,我总担心别人是不是愿意与我交朋友。如果别人不愿意的话,会很自讨没趣。心里总是纠结,我真没法主动交朋友了。交个朋友真难!

　　每个人都需要朋友,需要友谊。需要一起玩耍,一起分享,互相帮助,共同经历成长的乐趣。当你想与别人交朋友时,说不定别人也正想与你交朋友呢。所以,放下心结,主动去结交朋友吧。只要你足够真诚,别人会愿意做你的朋友的。越主动,就能越早交到朋友。

成长中的烦恼

> 我想与小王交朋友,但我不知道他愿不愿意啊。

> 我不知道怎样才能说服他成为我的朋友。

> 要是被拒绝了,怎么办呢?内心会很受挫的。

任何事情,心里想再多,不行动都会觉得很难。但只要一付诸行动,就会发现,其实很容易呀,自己完全可以做到。所以,行动起来吧。行动才能实现所有的愿望。

我会这样想

1 不努力去做怎么知道不行呢?与其在这里想,不如行动起来。

2 主动关心他、帮助他,只要自己是真诚的,一定可以打动他的。

3 很多困难都是自己想象出来的,实际情况可能不像自己想象的那样难。

第一篇 如何与同学相处

社会交际能力训练 >> 我应该如何做，才能交到朋友？

① 对人要真诚

不可欺负别人，以真心换真情，对人真诚才能赢得同学的信赖，使对方觉得与你交朋友挺好。

② 为人要乐观幽默

要乐观阳光，充满正能量，能给同学带来快乐。谁都喜欢与快乐的人在一起玩。

③ 多为别人着想

要经常站在对方的角度思考问题，多关心别人、帮助别人、理解别人，这样交到的朋友才会长久。

④ 乐于分享

能够把自己的玩具、学习用品、好想法分享给别人，在别人遇到困难时能够雪中送炭，这样就更容易交到好朋友了。

成长问答 >> 交朋友有什么诀窍吗?

同学们的天性都是爱玩的,喜欢有玩伴的,这种天性使大家很容易接纳别人,也容易被别人接纳。所以,想交到朋友并不难。平时多培养一些爱好,共同的兴趣可以让自己结识到很多朋友。

要想与朋友处得长久,成为好朋友,需要掌握几点:多关心和帮助别人;多谦让和包容不同个性的同学;与同学一起分享自己的玩具、想法和学习资源;遇到困难多承担责任。要成为一个心胸开阔、敢于承担责任的孩子,这样一定会有很多好朋友的。

小贴士 TIPS 如何交到志趣相同的朋友?

多参加课外活动和兴趣班。在共同的兴趣爱好中,更容易发展出好朋友。因为兴趣爱好相同的人在一起,可以聊的话题更多,可以一起干的事情更多。

三人行必有我师。不要拉帮结派,不要排挤他人,与人相处宽宏大量,谦虚友善,你的态度就决定了你可以交到多少朋友。

多组织家庭聚会活动。在家庭聚会中可以增进友谊,发展出情感亲近的朋友关系。

第一篇 如何与同学相处

4 到同学家做客

　　同学邀请我到她家里去做客,我心里既兴奋又紧张。兴奋的是,她邀请我,说明她认为我是她的好朋友;而且,到别人家做客,是一种新奇的感受,心里很期待呢。紧张的是,我不知如何与她家里人说话、相处,万一不小心做错了事,阿姨不喜欢我怎么办?那多尴尬呀!自从接到同学的邀请,我心里就一直忐忑不安,好像有一只小兔子在跑来跑去。

　　到同学家里做客,是我们每一个学生成长过程中都会经历的事情,不用紧张。只要我们懂得做客的礼数,做到礼貌、热情、有修养,到哪里都会受欢迎的。

成长中的烦恼

听说同学的妈妈很严厉,我有些害怕。

同学家人有洁癖,到她家里去怎么做才好?

同学家里的玩具我可以随便玩吗?

每个家庭都有自己的生活习惯,到别人家里做客,就需要尊重别人家的生活习惯,礼貌、热情、讲卫生、不随便动别人家里的东西、不大吵大闹,做一个有教养、受欢迎的孩子。

我会这样想

1. 我只要懂礼貌、讲卫生、有教养,叔叔阿姨都会欢迎我去玩呢。

2. 平时养成良好的卫生习惯,勤洗手,不乱丢垃圾,这样到哪里都会适应的。

3. 我要注意分寸,不随便动同学家的东西,除非同学让我玩。

第一篇 如何与同学相处

社会交际能力训练 >> **到别人家里做客，要注意什么？**

① 礼貌热情

到别人家里做客，一定要热情问候叔叔阿姨，有礼貌，大方得体。主动提出帮助叔叔阿姨做一些力所能及的事情。

② 不随便动别人家的东西

作为客人，就要管住自己的手，不能随便动别人家的东西。即使东西再好，不经主人允许也不能随便拿起来看，更不能悄悄拿走。

③ 不随便到别人家卧室去

注意不要到主人的卧室去，那是别人的私密空间。你可以在客厅玩，客厅是主人待客的地方。

④ 注意个人卫生

到别人家去，要衣着整洁，注意个人卫生，在别人家不乱扔果皮纸屑，尊重人家的卫生习惯。

成长问答 >> 做客要注意的细节有哪些？

到别人家做客，首先要做一个有礼貌的孩子，热情主动。其次，要做一个有教养的孩子，懂得哪些事可以做，哪些事不能做。比如，不能随便动别人家的东西，不要随便到别人家卧室去。作为客人，尽量待在客厅里会比较得体。如果主人非常热情，不把你当外人，你可以随意一些，客随主便，但是心里要有分寸。

我们还要尊重别人家的生活习惯。每一家的生活习惯都会有所不同，例如卫生习惯、起居习惯、饮食习惯。所以，我们在去之前，可以先向同学了解一下，应该注意什么，这样可以提前做到心里有数，去做客时自觉遵守，就不会互相不适应了。

小贴士 TIPS 懂礼仪，做一个有教养的孩子

咱们中国是一个讲究礼仪的国度，到别人家里做客，就要充分体现礼仪。所以，平时学一些礼仪知识，并养成习惯，做客时就不会出现尴尬局面了。这些礼仪包括：见面主动问好，进门把鞋子摆整齐，随身物品放在进门的柜子上，不要乱放。讲究卫生，进门先洗手。没有经过允许，不要进入别人卧室，更不要到别人家的床上玩。吃完东西后的果皮要放进垃圾桶。与同学的家长说话要有礼貌，能帮忙尽量帮忙。走的时候要跟叔叔阿姨说再见。

5 寻求同学帮助

今天饭卡里没钱了,想让同学帮忙先垫付一下,可是不知怎么说出口。我怕同学认为我连吃饭的钱都没有,看不起我。只有赶快给妈妈打电话,让她赶快给我微信里转账,然后我给饭卡充值,直到 12 点半了才赶到食堂,差点儿没吃上饭。唉,在学校遇到困难了,真不知如何找同学帮助。

我们之所以感到无助,是因为心里顾虑很多,担心被拒绝,担心被嘲笑,担心同学知道自己的秘密,一系列的想法阻止了我们向同学求助。其实,是我们的多虑把自己带入了困境。真实的情况是很多同学都愿意帮助我们,我们只需要放下顾虑,主动求助同学就行了。以后当同学遇到困难时,我们也主动帮助别人。这样互帮互助,都能化解难题。多好呀!

成长中的烦恼

> 如果被拒绝了，那就太丢人了。

> 求助会被同学看不起，伤自尊。

> 她要是把这件事告诉别人，别人怎么看我？

向别人寻求帮助是非常正常的事情。因为每个人都会遇到困难，都有自己能力达不到的时候。这时别人的帮助就是雪中送炭，非常及时有用。不用为此有心理负担，我们平时也多帮助别人就是了。

我会这样想

1 别想太多了，很多同学都是乐意帮助别人的。

2 谁都会遇到困难，真诚地向同学求助，同学会很乐意帮助我呢。

3 需要帮助时，主动求助就好了，顾虑过多只能把自己带入困境。

社会交际能力训练 >> **如何寻求同学帮助？**

① 态度要礼貌诚恳

寻求同学帮助时，态度一定要礼貌、友善、诚恳，让同学愿意帮助你，并且让同学觉得帮助你是一件愉快的事情。如果自己不够礼貌，会让同学感到心里不舒服，也就不会那么真心实意想帮助你。

② 说明需要帮助的事项

告诉同学，自己需要对方帮助自己做什么，怎么帮助自己。向对方传递出清晰的信息，让对方知道如何帮助自己。然后与同学一起行动，互相配合，共同把这件事情完成。

③ 让对方做的事情不能勉为其难

需要同学帮助的事情应是对方能够做到的。如果对方做不到，那就不能勉为其难。即使对方没有做到但尽力了，也要感谢对方，不能说难听的话。这样，彼此互相理解，以后大家还可以互相帮助。

成长问答 >> 寻求别人帮助对不对？

每个人都会遇到困难，当自己的能力不能解决某一个问题时，就说明需要别人帮助了。这时，寻求帮助是一种积极解决问题的思路，是动用自己身边资源解决问题的积极行为，不必犹豫，大胆地去寻求帮助好了。即使有人不理解你，不能帮助你，也没有关系，一定有人能够帮到你。

如果沉默不语，反而会使自己陷入困境中。求助别人不是弱者的表现，而是说明自己在积极想办法解决问题，这种行为本身就会得到别人的响应。同学还会因为帮助你而感到开心呢。

小贴士 TIPS   帮助是相互的

我们都知道，互帮互助，才能共同成长。所以，我们平时要经常帮助别人，那当我们需要别人帮助时，自然就会有同学愿意帮助我们了。我们要积极为培养良好的社会风气做出自己的贡献，这样，我们就既是贡献者，也是受益者。在一个互相帮助的环境中长大，将是多么幸福啊。我们可不能当只考虑自己的小自私鬼哦。

交际能力调查

1. 你在学校与同学们的关系融洽吗?说说看。
   _____
   _____

2. 你有多少好朋友?你还记得是怎么认识他们的吗?
   _____
   _____

3. 他们是你同班同学?邻居?同校同学?父母朋友的孩子?
   _____
   _____

4. 哪些是你主动交往认识的?
   _____
   _____

5. 你是否主动关心他们?
   _____
   _____

6. 你是否愿意把自己心爱的物品分享给他们?
   _____
   _____

第二篇

应对交往中的难题

每天与同学朝夕相处,会遇到各种交往中的难题,让自己很烦恼。如何处理这些难题呢?各种小妙招儿能帮到你。学着处理这些难题的过程,就是成长。

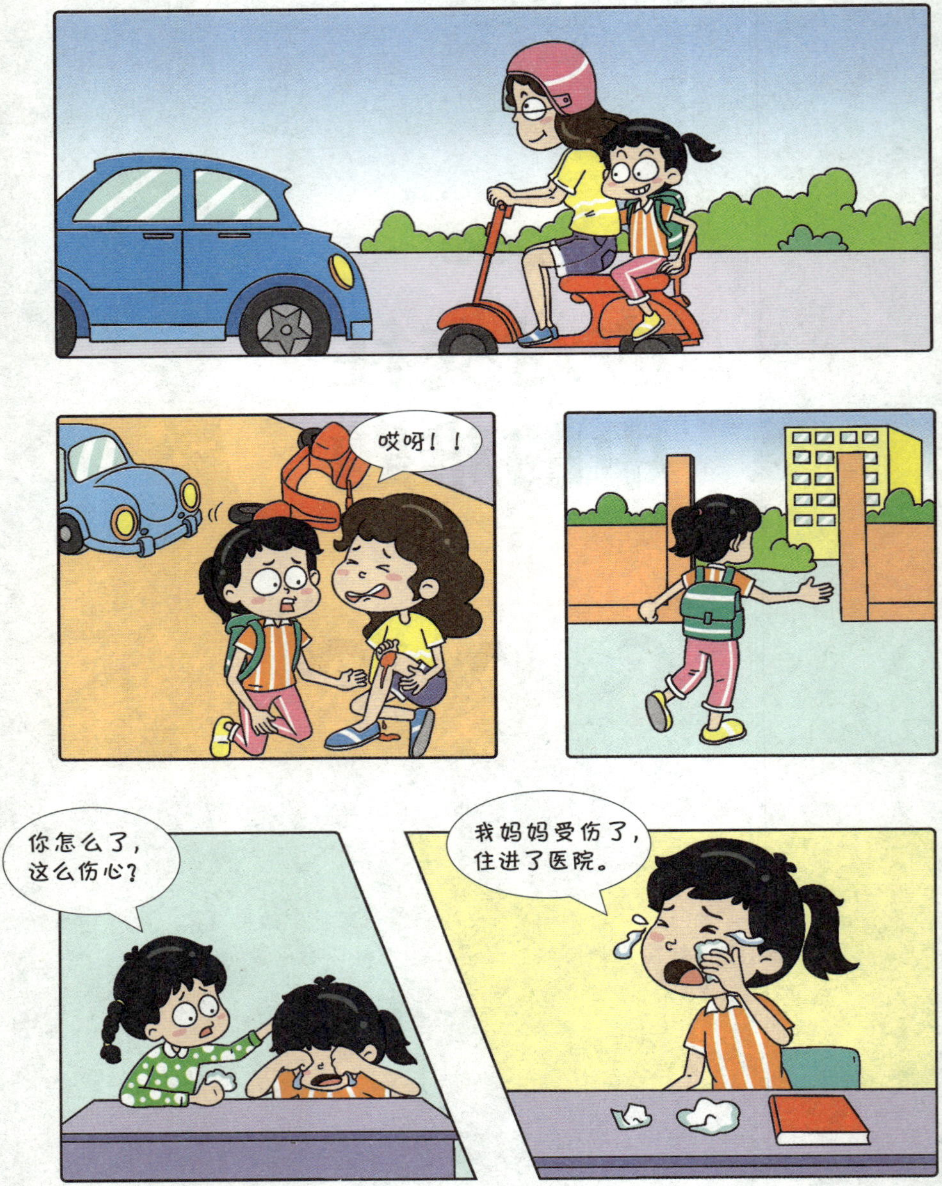
哎呀！！
你怎么了，这么伤心？
我妈妈受伤了，住进了医院。

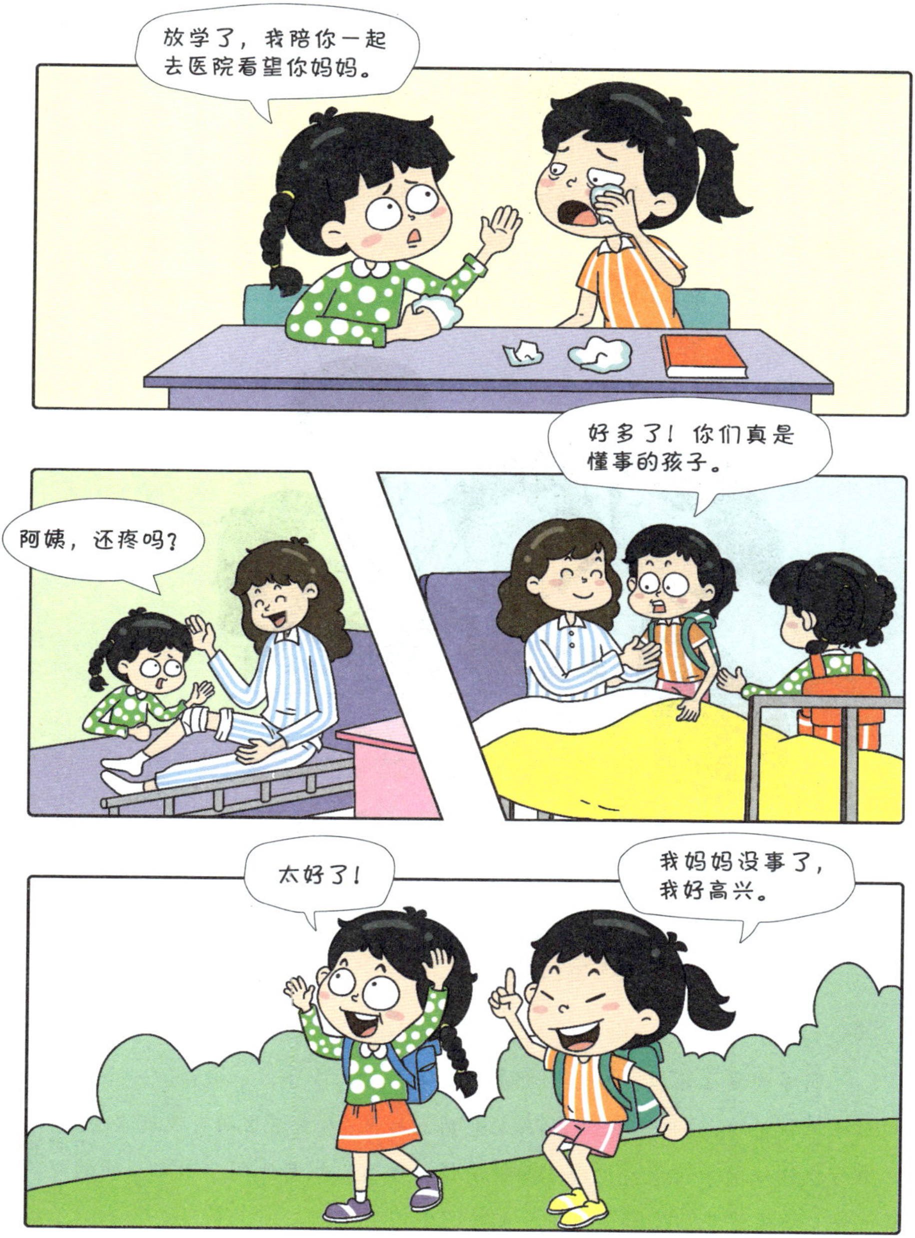
放学了，我陪你一起去医院看望你妈妈。
阿姨，还疼吗？
好多了！你们真是懂事的孩子。
太好了！
我妈妈没事了，我好高兴。

6 同学误会我了怎么办

今天不小心把邻桌女生的书弄破了,她很生气,说我是故意的,还说了很多难听的话。我解释半天也没有用,同学们都看着我,搞得我好尴尬。想消除误解太难了!她怎么那么小心眼儿,以后再也不理她了。

同学间发生矛盾,基本上都是由鸡毛蒜皮的小事,一句话、一个小磕碰等引起的,这时先冷静下来,想想前因后果,看看这里面有没有误会。然后找这位同学谈谈,把事情解释清楚。也可以找其他同学帮忙,问题也许就解决了呢。化解了矛盾,大家还是好朋友。

成长中的烦恼

> 今天不小心犯了错，被当众羞辱，好丢人。

> 她怎么那么小心眼儿，以后不再同她玩了。

> 其他同学怎么看我，我以后在班里会被鄙视吧？

出现这种事情，先静下心来，想一想自己有没有不对的地方，是不是对方误解自己了。等分析清楚后，找机会与对方沟通一下，争取达成和解。

我会这样想

1. 我又不是故意的，谁还不犯一点儿小错呢。她那样说是她不礼貌。

2. 我错在先，给她道歉吧，争取她的原谅。我做得好，就能感动她。

3. 我要心胸开阔，不在意她说的难听话，时间会证明我不是她说的那样。

社会交际能力训练 >> 我应该如何消除同学误会？

① 心胸开阔不计较

如果出现误会，一下子很难化解，就需要心胸开阔不计较，学会大度和谦让，相信时间能够证明一切。同学关系是需要用心培养的，大度和谦让会使自己赢得更多朋友。

② 不为自己的错误辩解

如果错在自己，就不要为自己辩解，要敢于承认错误，诚恳道歉，取得对方的谅解。比如这样说："这件事错在我，我真诚地道歉。如果你能原谅我，我会很感激你的。我们可以成为好朋友。"

③ 包容对方的错误

如果错在对方，没必要非等对方来道歉，主动包容他一点儿就行。同学之间与其每天别别扭扭地在一起，不如化解矛盾，开心地学习生活。

成长问答 >> 我怎样处理好同学关系？

同学中出现矛盾，通常都是因为小事引起的，没有什么大不了的，要及时消除矛盾，让自己和同学都快速恢复到正常状态。如果自己有错，就要勇于承认错误，寻找机会向对方道歉，做一个大度包容、有担当的人。道歉不代表懦弱，而是代表自己的修养。主动道歉，更容易与同学达成和解，修补同学关系。

如果对方有错，就要学会宽容，不必非让对方道歉。多想想对方的优点，包容对方的缺点，这样自己就不会纠结了。时间是最好的朋友，可以帮助我们澄清各种误会。

小贴士 TIPS

包容是化解矛盾的良方

为什么说包容是化解矛盾的良方呢？因为是人都会犯错误，同学偶尔犯个错误是很正常的。当他做错了事，或者误解了你时，心里其实也不舒服，但是出于自尊心，他不想承认错误。如果跟他较劲，那不就产生矛盾了吗？只要对方不是故意做错事，就可以大方地包容他，原谅他。因为我们这样做就保护了他的自尊心，使他避免了尴尬局面，他自然就会从心里感谢我们的良苦用心。这样，矛盾是不是就化解了呢？

第二篇 应对交往中的难题

7　同学作弄我，应该如何应对

　　课间，同学们都在放松，有的在说话，有的趴在桌子上休息。我们班的"淘气大王"从外面进来，把一只甲壳虫放进我的衣领里，把我吓得直叫，他却乐得哈哈大笑。旁边同学帮我赶快抖衣服，其他同学都批评"淘气大王"。他这样子搞恶作剧，真是太可恶啦！

　　在校园里，有个别同学爱搞恶作剧。他可能是在模仿电视或者游戏里的人物，以为是好玩，不知道这种行为会伤害同学的自尊心。不管他是开玩笑还是恶意为之，都是对同学的作弄。所以，我们要告诉他，作弄人是对同学的不尊重，不好玩，让他认识到这样做是错误的。

成长中的烦恼

> 他这样对我不尊重，同学会怎么看我？

> 他太过分了，我是不是应该同他吵一架？

> 好丢人，被人作弄，说明我在同学心中没有地位。

　　如果我们在学校被同学搞恶作剧，应该怎么办呢？先分析他这样做的目的，再区别对待。如果他只是因为好玩，没有分清轻重，就给他讲道理。如果他是恶意的，那就告诉老师，老师会给他讲道理的。

我会这样想

1　作弄人的是他，说明他太幼稚了，我没有必要感到自卑。

2　我如果与他吵架，丢人的是我，我才不像他那样没修养。

3　我要明确告诉他，让他知道，不尊重人是错误的。

第二篇　应对交往中的难题

社会交际能力训练 >> **如何应对同学的作弄?**

① 包容无伤大雅的逗乐

有些同学活泼好动,有很多古灵精怪的点子,喜欢通过逗乐的方法把想法表现出来,引起大家的注意。如果无伤大雅,只是好玩,我们就当个乐事儿看待就好了。

② 对恶作剧说 NO

如果同学搞恶作剧开玩笑过了头,就要明确告诉他,这样做是对人的不尊重,一点儿都不好玩,请他以后不要再这样做。如果想开玩笑,就换一种友好的方式。

③ 让老师出面解决

如果作弄者故意针对某一个同学持续搞恶作剧,那他就存在着一定的恶意,就需要告诉老师,让老师出面解决。

成长问答 >> 为什么对同学搞恶作剧不好？

同学们天性活泼好动，对一些新奇好玩的事情十分热衷，这是完全可以理解的。但是，不能针对同学搞恶作剧，因为这是对同学的不尊重，会伤害同学的自尊心，不好玩。所以，我们平时玩耍时，不能针对同学恶搞，那样会被同学嫌弃，时间长了也就没人把你当朋友了。

如果你有很好的创意，不要用于作弄人，而应该用在学习中，做出创意成果。这样大家会发自内心欣赏你，那才有意义。

小贴士 TIPS 应该如何把握开玩笑的分寸？

个别学生没有建立起尊重他人的意识，认为同学间打打闹闹，搞些恶作剧很好玩。但是因为不知道行为的边界，有意无意间可能就对同学的自尊心造成了伤害。甚至在恶作剧的过程中，不知道深浅，对同学身体造成了伤害。所以，我们平时在校园中玩耍时，一定要把握好分寸，知道哪些玩笑可以开，哪些玩笑不能开，要防止那些不知道轻重的恶作剧。同学之间开玩笑，一定要有度，不能歧视别人，不能拿别人的弱点开玩笑。

8 我错了，怎样向同学道歉

　　我课间从园艺工人那里拿了一些花瓣回来，撒在一个女生的头上，给她开了一个玩笑，说她像漂亮的新娘，结果把她得罪了，她再也不理我了。我有些后悔，觉得是自己不对，应该给她道歉。可是，看到她特别生气的样子，我怎么也说不出道歉的话。已经得罪她了，我还需要给她道歉吗？她会接受我的道歉吗？

　　我们很多同学不会处理道歉这种事情，觉得既尴尬也不容易取得对方的原谅。其实，同学们每天在一起相处，难免出现一些摩擦。积极道歉，争取对方原谅，是修复同学关系、处理纠纷的一种重要方法。做错了，就主动道歉吧。

成长中的烦恼

> 我确实开玩笑开大了，但她也不至于那么生气吧。

> 我如果道歉，感觉好没有面子，好像矮人一等了。

> 那她以后会不会蹬鼻子上脸，在我面前显摆呢？

如果是自己错了，就一定要道歉。一方面说明自己认识到错误了；另一方面，道歉是对对方的尊重，是修复友谊的有效方式。

我会这样想

1. 真诚向同学道歉，就是告诉他，我认识到自己错了。

2. 做错了事，道歉是应该的，要敢于对自己的行为负责。

3. 真诚道歉，我相信同学会原谅我的。因为我确实没有恶意。

第二篇 应对交往中的难题

社会交际能力训练 >> **应该如何道歉？**

① 及时主动道歉

当我们无意间做了错事，伤害到了别人的自尊心，就要及时说声"对不起，我错了，请原谅！"这样可以及时改善同学关系，避免升级成矛盾。

② 给别人造成了损失要赔偿

当我们的行为给别人造成损失的时候，就不仅要道歉，还要通过赔偿来改正错误。比如把同学的学习用品弄坏了，就要给同学赔偿，用行动来道歉。

③ 道歉时态度要真诚

当我们道歉时，一定要真诚，不要为自己开脱，也不要指责对方。这样，才容易取得对方的原谅。

成长问答 >> 道歉有什么意义呢？

做了错事，或者不小心伤害了别人时，就应该承认自己的错误，给人道歉。因为我们做了错事，伤害了别人的自尊心，给别人带来了不好的影响，及时道歉，是对别人的尊重。

道歉也是有担当的表现。敢于承认错误，说明我们认识到自己错了，以后就会少犯错误。所以，道歉是对自己错误的自我纠正，是敢于否定错误的勇敢行为。

因此，要及时道歉，给对方一个台阶下。这样，我们心里不再内疚，对方心里也会找回平衡和尊严，大家就能和好如初了。

小贴士 TIPS　道歉有哪些方式？

先道歉后解释。有错就应先认错，取得对方的谅解。不要找客观原因为自己辩解、开脱，使对方怀疑自己的诚意。如果非解释不可，也应该先道歉后解释。

假如当面道歉说不出口，可以用打电话、发微信等方式代替，不用拘于形式。

道歉要尽量用礼貌语言，态度真诚，让对方感觉到你是发自内心地认识到自己错了。

第二篇 应对交往中的难题

9 计划冲突了，如何拒绝同学的邀请

同学邀请我周末一起出去玩，可是我们家提前已经计划好了到郊外去野餐。我不知怎么拒绝同学。他可是我的好朋友，我们一向玩得很好，如果这次拒绝了，会不会打击了同学的积极性，破坏了我们之间的关系？

当同学的邀请与我们的计划发生冲突时，确实存在一个选择的问题。原则上是应该以提前计划好的事情为主，有时也应该以重要的事情为主。不论怎样，都需要做出选择，对其中的一项活动说不。这就需要我们学会委婉地说明原因，争取对方的理解。过后可以积极补救，主动邀请同学一起玩。

成长中的烦恼

> 他那么热情地邀请我,我拒绝他,他会很失望的。

> 他会不会觉得我不够朋友,以后不找我玩了?

> 我把同学拒绝了,很不厚道。

这样想,说明你是一个很善良的孩子。但是在只能二选一的情况下,需要自己做出选择。如果不能赴约,就主动给同学解释清楚,让同学理解,不要怠慢同学。

我会这样想

1. 我把订好的计划告诉他,他应该会理解我的,谁都有计划好不能改变的事儿。

2. 我告诉他,其实很想与他一起玩,只是全家的活动我不能不去,争取他的理解。

3. 我以后主动邀请他一起出去玩,补偿这次不能赴约造成的遗憾。

社会交际能力训练 >> **如何拒绝同学的邀请？**

① 主动解释不能赴约的原因

主动解释清楚不能去的原因，让对方谅解。态度一定要真诚，不能简单粗暴地说："我没空，再见！"这样会让同学以为你不想与他一起玩，造成误解。

② 感谢同学的邀请

告诉对方，你很高兴他能邀请你，只是时间正好冲突了，以后会主动找时间一起玩。这样妥善处理，就不会对同学关系造成影响了。

③ 不能表面答应，过后爽约

不能为了面子表面答应，到时候爽约。这样做很不好，不真诚。我们要坦坦荡荡做人，真诚对待同学。

④ 另找一个机会弥补遗憾

争取过后找一个时间约同学一起玩，弥补不能赴约给同学造成的遗憾，也能增进你们之间的友谊。

成长问答 >> 不会对别人说不，怎么办才好？

不会说不，不会拒绝别人，说明我们是心地善良的孩子，能站在对方的角度考虑问题，能换位思考，这是很了不起的。

在生活中，我们总会遇到一些事情，因为与计划冲突而不能参加，或者是别人想让我们帮忙而正好身不由己，怎么办呢？要学会委婉地解释和拒绝。这也是我们人际交往的基本能力，不用难为情、不用内疚，不要有思想包袱。

为了不影响同学关系，在谢绝同学的邀请或拒绝帮忙的请求时，要学会使用自嘲、委婉、商量的语气，让对方理解我们的身不由己。

事后创造机会，弥补没能参加同学邀请造成的遗憾。这是一种积极解决问题的好办法，也锻炼我们独立处理问题的能力。

小贴士 TIPS

说一说用哪种方式拒绝别人更合适？

10 与同学性格不合，怎么相处

　　我和张元是同桌，还是班长和副班长，本以为我们能和睦相处，但是我们两个人的分歧却很多。我认为张元太张扬了，不懂尊重别人，不顾及别人的感受；张元认为我性格太温和，没有原则。虽然我们两个人从没吵过架，但是我们俩谁都看不惯谁。性格不合，真不好相处。

　　一般人都愿意和自己性格相近的人来往，相同的气质更容易有共同的兴趣爱好，容易惺惺相惜。但是，排斥和自己性格不同的人，会让自己错失很多向别人学习的机会。我们要看到别人的长处，而不应总是挑剔别人的短处。三人行必有我师，学会接纳不同个性的同学，向别人学习，对我们成长和交友都更有益处。

成长中的烦恼

> 他太张扬了,不理睬他,让他自负去。

> 召集其他同学一起排斥他。

> 让他成为孤家寡人,看他还嘚瑟不嘚瑟。

这样不好哦。就算某个同学很有个性,与众不同,也不能把他当成异类。要看到他身上的优势,与他互相取长补短,这样更有利于一起成长。

我会这样想

1 三人行必有我师,他个性张扬是因为他很优秀,我要多向他学习。

2 他是有缺点,但也有优点,谁没有缺点呢?不能这样对待同学,太没有格局。

3 大家都有个性,我要学会接纳不同个性的同学,没必要排挤谁。

第二篇 应对交往中的难题

社会交际能力训练 >> **如何与不同个性的同学相处？**

① 学会欣赏别人的优点

大自然因为物种不同才丰富多彩，同学们因为性格不同才精彩纷呈。要学会欣赏别人的优点，多看别人的优点，包容别人的缺点。

② 多站在别人的角度思考

多站在别人的角度思考问题，才能更了解别人、理解别人，才能达到求同存异。

③ 主动接纳别人

不同个性的同学，思维方式会有所不同，在互相学习中更容易碰撞出思想的火花，相互取长补短。所以，接纳别人，主动去与不同个性的同学相处，对自己的进步会很有帮助。

成长问答 >> 不同个性的同学能友好相处吗？

要善于接纳不同个性的同学，取长补短，提升自己。因为每个人的个性不同，思维方式也会有差异。与不同个性、不同思维方式的人相处，容易产生智慧的火花，有助于自己进步。

其实个性的相同和差异都是相对的，大家在共同的学习环境里成长，可以交流的内容有很多，只要真心交往，求同存异，性格上的差异不是什么大问题。三人行必有我师，每个人都值得我们学习，放下心结，博采众长，会使自己更优秀。

小贴士 TIPS　寻找双方的共同点

世界上没有完全相同的两种性格，就像没有完全相同的两片树叶一样，所以，我们不要强求别人处处和自己的想法一样。性格不同的人，处理问题的方法会有不同，这恰恰是值得我们学习之处。同时，我们可以主动寻求双方共同的地方，求大同，存小异。比如，你是一个性格平和的人，同学是一个强势的人，你可能会感到与他格格不入。但是你会发现他外强内柔，爱帮助别人。这正好呀，找到了你们的共同点，你们就可以在助人为乐中和谐相处了。

第二篇 应对交往中的难题　47

11 朋友变成了对手，如何良性竞争

班里要选班长，我积极参与，很想竞选上班长。可没想到，我的好朋友也参加了竞选，而且还胜出了，搞得我心里很不痛快。我觉得她明里是我朋友，暗里却在与我作对，我再也不想同她做朋友了。

有竞争就一定会有竞争对手，好朋友当然也可以成为竞争对手。但我们要明白：同学之间的竞争都是为了共同进步，因此不要把竞争对手当成敌人，而要当成自己的陪练，在切磋中共同进步。摆正心态，正确看待朋友之间的竞争，这样就不会动摇友情的根基，即使是竞争对手也仍然可以成为朋友。

成长中的烦恼

> 我很不喜欢竞争对手，总在与我抢机会。

> 她给我很大压力，晚上睡觉都在做噩梦。

> 哼，不是她与我竞争，我早就当上班长了。

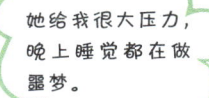

我们在成长过程中，总会遇到竞争对手。那么，我们应该怎样看待竞争对手呢？不同的心态会带来不一样的结果。其实，对手是促使我们进步的人，不是我们的敌人。

我会这样想

1. 有竞争才刺激，她会激励我学得更好，就像长跑中对手的追赶更能激发斗志一样。

2. 我要客观看待这种压力，把压力变成动力，激发自己的潜能，使自己更优秀。

3. 在与她竞争的过程中，我的能力也提升了很多，所以，我得感谢她。

第二篇 应对交往中的难题

社会交际能力训练 >> **如何与同学展开良性竞争？**

① 正确看待竞争和竞争对手

竞争能促使我们进步，使我们不断成长。竞争对手是我们的陪练，不是我们的敌人。我们要用正确的心态看待竞争和竞争对手。

② 选定对手，自我激励

机遇对每一个人都是平等的，但它永远属于积极进取的人。选择班级里优秀的同学作为竞争对手，向他学习，不断自我激励，在与对手的竞争中提升自己，从而赶上和超越对手。

③ 建立竞争机制

要订计划、有步骤地参与竞争。在竞争中发掘自己的潜能，提升自己驾驭复杂问题的能力，在竞争中成长。

④ 端正竞争心态

要端正心态，从容看待超越和被超越。不要妒忌和愤懑，学会有风度地接受失败，并且真心实意地祝贺对手。这种高尚的品格与取得胜利同样重要。

成长问答 >> 我们应该怎样看待对手？

我们在成长过程中，总会有这样那样的对手，给我们带来压力和挑战，迫使我们必须努力，一直往前冲。对手总以挑战者的姿态来考验我们，磨炼我们，激励我们。

对手不是我们的敌人，是他们让我们认清自己，认识到自己的不足，认识到骄傲就会落后；是他们让我们刻苦学习，把自身的潜能发挥到极限；是他们让我们勇敢面对学习中的困难，始终保持着战斗的姿态。

对手是值得我们感谢的人。是他们给了我们推动力，把我们推进成功的大门。所以，我们要感谢给我们创造成功机遇的对手。

小贴士 TIPS

说说看，你的竞争对手是谁？你是怎样与他竞争的？

第二篇 应对交往中的难题

交际能力调查

1. 你觉得同学交往中最大的难题是什么?

2. 当你被同学恶作剧时,你会怎么做?

3. 你会坚持谁错谁道歉的原则吗?

4. 当你与同学闹矛盾时,你是怎么做的?

5. 你是如何与性格不同的同学相处的?

6. 你是如何与竞争对手竞争的?

第三篇
在团队中展示自己的才华

谁都需要成为集体的一分子,在集体中找到归属感,与小伙伴们一起进步。但如何找到自己的角色定位,如何展示自己的才华,这些都考验着我们的交际能力。

你这么喜欢思维游戏，给我们出一些题一起玩玩呗。
5+5+5，如何加一笔，等于550
我知道了。在第一个加号上加一撇，把加号变成4，就是545+5=550
再出一道题！
你好棒呀！
咱们成立一个最强大脑俱乐部怎么样？我们一起学习，大家都可以变得很厉害！

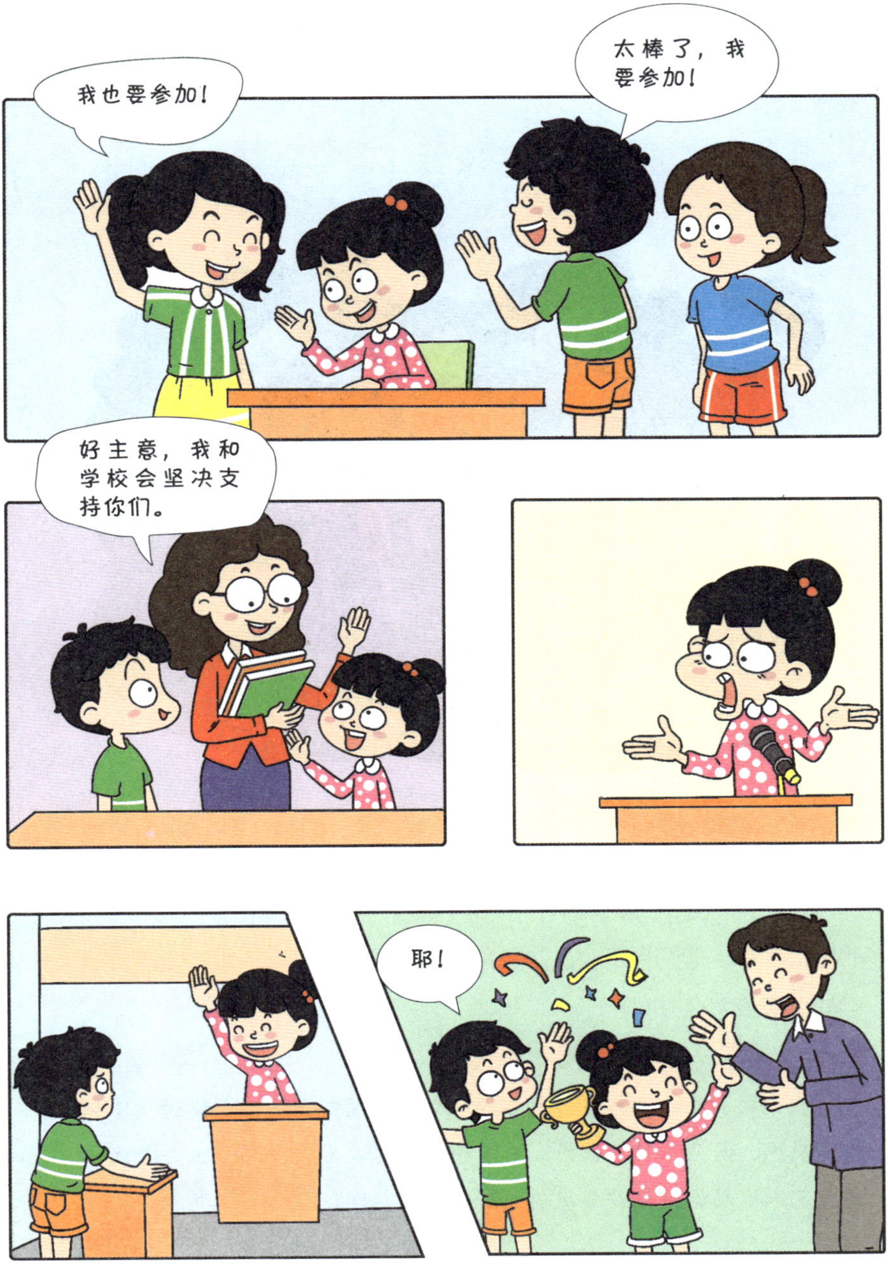
我也要参加!
太棒了，我要参加!
好主意，我和学校会坚决支持你们。
耶!

12 加入到一个团队中去

　　楼下许多高年级同学在跳大绳，玩得不亦乐乎。我站在旁边，很想加入他们，同他们一起玩。但作为一个新人，我不确定自己是不是受欢迎，心里很犹豫。他们会不会认为我是一个搅局者？这么一想，我还真没了自信。应该怎么办呢？

　　我们每一个人都想成为集体的一分子，渴望在集体中找到伙伴和拥有归属感，与他人传递快乐，分享想法。这非常正常，大胆去尝试吧。想被别人成功接纳，需要提前想好怎么说。即使被拒绝了也没有关系，起码尝试了。

成长中的烦恼

> 我很想加入他们，但如果他们拒绝我怎么办？

> 要是被拒绝了好丢人呀。

> 算了吧，还是不加入了。

谁都需要加入到一个集体中，在集体中共享快乐。所以，有想法就要行动起来，只在那里思前想后而不行动，没有意义。行动才是最棒的。

我会这样想

我试试有什么关系呢，他们拒绝我也没什么大不了。

1

我应该展示我的实力给他们看，也许他们很欢迎我呢。

2

不想那么多，积极参与是我的原则，我能给他们带来很多快乐呢。

3

社会交际能力训练 >> **如何加入到一个团队中去？**

① 想参加就提出来

做任何事情之前，都需要先在心里计划一下如何做。想加入一个团队，一定要提出自己的申请，表明自己的态度，让对方看到你的优势，你的加入会给团队带来活力。谁不喜欢自己的团队变得更棒呢？！

② 展示自己的实力

大胆地去尝试，去跟对方说："我可以加入你们吗？我有很多好想法，可以一起玩。"并把自己的想法讲给对方听，让对方对你感兴趣。

③ 不用担心被拒绝

即使对方确实不需要新人，拒绝你了，也没有关系。你大胆尝试了，就是一种进步，是一种成长，不必感到自卑和难过。

成长问答 >> 在团队中，我能成长得更快吗？

一个人只有在团队中才能成长得更快，因为集体的智慧会促使大家互相学习，取长补短，共同进步。所以，同学们尽可以积极参加到各种开放的团体中去，不用担心太多，顾虑太多。行动胜过一切，大胆推销自己，学会让别人接受自己。

在集体活动中学习如何与人交往，学习别人的交际能力和技巧，发挥自己的才能，逐渐找到适合自己的角色定位，在互帮互助中培养自己的团队意识和与人相处的方法，并在新团队中提升自己的影响力和综合实力。

小贴士 TIPS：从这个小故事中，思考如何与团队成员合作

三只老鼠结伴去偷油喝，可是油缸很深，它们都喝不到油。一只聪明的老鼠想出了一个好办法——一只咬着另一只的尾巴，轮流吊到缸底去喝油。于是，第一只老鼠最先吊下去喝油。可是它想："油只有这么一点点，我要先喝个痛快。"吊在中间的老鼠想："油不多，不能让下面的老鼠把油喝光了，我也要跳下去喝个痛快！"最上面的老鼠想："油那么少，等它们两个喝饱了，就没有我的份儿了，不行，我也要下去。"于是，它们争先恐后地跳到缸底，喝起油来。结果，一只也没有上来。

13 积极参与班干部竞选

新学期开始了，班里要选拔班委。参与者首先要发表竞选演讲，然后由同学们投票选举。大家都很想竞选班委，所以竞争十分激烈。最后谁能胜出，就看自己的能力和人缘了。哎，有什么妙方，能够让我胜出吗？

当班干部是为班级服务、锻炼领导能力的好机会。只要真心实意为班级服务，有能力，有担当，就会得到大家的认可。但是，如何演讲，如何拉选票，让同学们选自己，就考验自己的社交能力了。

成长中的烦恼

我想竞选班委,但我不知如何演讲怎么办?

我如何为自己拉选票啊?

同学们不选我怎么办?

在竞选班委的演讲中要做到:第一要把自己的优势和实力展示给同学们;第二要把自己打算如何为班级做贡献介绍得详细具体。参选的过程也是一个自我学习的过程,积极参与很重要,结果嘛,顺其自然就好了。

我会这样想

我要把为什么竞选班委和为班级工作的方案讲清楚。

1

我要发挥自己的领导力和说服力,让大家认识到选我是正确的。

2

同学们选不选我都没有关系,就当作是一次锻炼自己的机会。

3

第三篇 在团队中展示自己的才华　61

社会交际能力训练 >> **竞选演讲稿怎么写？**

① 说明为什么竞选这个岗位

先介绍自己的基本信息，要竞选什么岗位，竞选的目的是想为班级做哪些工作，好让老师和同学们明白你为什么竞选这个岗位。

② 展示自己的能力

讲明自己的特长、能力和经验如何可以胜任这个工作，让老师和同学知道选你是最佳选择。

③ 竞选成功后的实施方案

还要讲清楚：如果自己竞选成功，自己的计划和方案是什么，怎样来尽好自己的职责。如果落选了，也不气馁，将会更加严格地要求自己，为下次竞选打好基础。

成长问答 >> 如何当好班委？

班委是老师的得力助手，是班级的领导核心，是为同学们服务的优秀团队。当班委，一要为同学们做出榜样，无论是学习还是各项活动，都要走在前面，做出表率。二要做好老师与同学们之间的桥梁，处理好同学之间的关系，带领同学们一起学习进步。三要搞好班级的日常学习、纪律和卫生，开展丰富多彩的活动，维护好班级的荣誉。

当班委，是很能锻炼自己的领导能力和沟通协调能力的。只要愿意为班级服务，谁都可以参与竞选班委。

小贴士 TIPS

竞选演讲范文

尊敬的老师，亲爱的同学们：

大家好！今天我要竞选学习委员。我为什么要竞选学习委员？一是因为我学习好，学习成绩在班里排前几名，我可以把学习经验传授给大家，帮助大家取得好成绩。二是我自控力强，会订计划，做事认真，能够保证学习委员的工作质量。三是我爱帮助同学，会团结同学，有包容精神，能够胜任这项工作。

如果我竞选成功，我会做好老师的助手，经常组织丰富多彩的学习竞赛，带领同学们搞好学习，使我们班成为年级的优秀班集体。

我也有缺点，但我会严格要求自己，多向别人学习，成为优秀的学习委员。请大家信任我，给我投上宝贵的一票吧！

14 在团队中提出不同意见

班里正在讨论问题，气氛活跃。我站起来发表了一个与众不同的意见，一下子成了班级里的异类，大家都看着我，好像我在故意找碴儿。当时我感到很难堪，是不是我错了？以后大家会不会不喜欢我呢？

同学们都会担心因提出不同意见而被孤立。那到底我们能不能提出不同的意见呢？当然可以，在学校里团队都是开放包容的，允许团队里每一个人表达自己的独立思想和不同意见，这才是开放的、有利于进步的环境。我们在表达意见时，只要就事情本身发表意见，不说伤害同学人格尊严的话就行。

成长中的烦恼

> 我在团队里提不同意见,大家会不喜欢我吗?

> 提不同意见会被认为是捣乱分子吗?

> 我还是不吭声,保持沉默吧。

能提出与众不同的想法,说明自己善于思考,有独立思想,这正好给大家提供了一种全新的视角。所以不必顾虑太多,有想法就大胆说出来。

我会这样想

1 每一个团队都欢迎也需要大家提出不同的观点,这样才能凝聚智慧。

2 我提意见是为了团队好,又不是针对谁,不用担心很多。

3 同学之间是开放包容的,互相提意见才能扬长避短,共同成长进步。

第三篇 在团队中展示自己的才华

社会交际能力训练 >> **如何提出不同意见?**

① 养成独立思考的习惯

平时养成独立思考的习惯,能够提出有新意的意见和见解,对大家有启发和参考作用,这样的意见就会很受欢迎。

② 有逻辑地阐述自己的观点

有逻辑地阐述自己的理由,让大家知道你是在积极建言献策,而不是在捣乱。大家能从你的意见中了解到你的智慧和思考,才更易于接受你的意见。

③ 提意见不要伤及同学人格

在提出不同意见时,要尊重同学的人格,就事论事,不要把事情与同学个人联系起来,说出人身攻击的话。这样,我们提出的意见就容易被接受。

成长问答 >> 提意见会引起矛盾吗？

我们每天在课堂上、在团队活动中，都需要发表自己的意见和见解，这既是展示我们独立思考能力的重要场合，也是分享我们思考成果的机会，所以，积极发表自己的意见，采用恰当的方式提出不同观点，注意尊重同学的人格，就不会引起矛盾。

我们每一个人都期望别人认同自己，而不期望别人否定自己。但在一个集体中，有不同意见再正常不过，所以，我们无论是作为提意见者，还是作为被提意见者，都要大度包容，尊重同学，不要用小心眼儿去揣度别人。这样，才会减少摩擦，我们身边才会一直有一批互帮互助的朋友一起成长进步。

小贴士 TIPS 提意见小诀窍

提意见时用语要讲究，态度要友好，要维护对方的尊严，这样对方才不会抵触。

先从肯定对方开始，让对方心理上得到安慰，再提出意见，最后再肯定对方，采用夹心饼法提意见，对方更容易接受。

我们提的意见一定要客观公正，符合实际，就事论事，对别人有帮助。这样的意见才受人欢迎。

15 表达自己独立的想法

在团队中，当我们决定去做一件事情时，每一个人的想法可能都不一样，十个人有十种想法。如果每个人都坚持自己的想法，会争吵不休。这时候，我是应该说出自己的想法，还是选择沉默，接受大家的意见，做一个跟随者呢？

如果你很有想法，但是经常不表达出来，别人就会认为你没有想法，再做任何事情就不征求你的意见了，把你当作透明人，这样会淹没你的好想法。所以，你应该及时说出自己的观点，不能让大家误解你。你的想法也许很有价值呢！

成长中的烦恼

> 每个人都有自己的想法，我说出来也没有人好好听。

> 我如果说出来不被采纳，多没面子。

> 保持沉默也许是最好的选择。

如果你是一个很有想法的人，一定要表达出来，让别人知道你的创意，并说服大家采纳你的想法。如果不说，别人还以为你没有想法呢，那就埋没了你的才华了。

我会这样想

1 经过自己独立思考、有创意的想法，一定受人欢迎。我必须说出来。

2 只管大胆表达自己的想法，不用多想别人是否采纳。

3 不说出来就失去了一次发表自己意见的机会，对自己和团队都是一种损失。

第三篇 在团队中展示自己的才华

社会交际能力训练 >> 怎样表达自己的想法更合适？

① 先独立思考

在一个群体中，当大伙儿都喋喋不休的时候，你可以先独立思考，有创意地形成自己的观点。有创意的想法才有价值。如果你的想法没有新意，大家当然就不会在意你的想法。

② 尊重大家的意愿

自己的想法要基于大家的立场，符合大家共同的心愿，对大家有帮助，这样才容易被采纳。

③ 有礼貌地表达出来

发表自己的观点时，态度要谦虚，用语要恰当，配合眼神交流，在情感上与大家产生共鸣，才容易得到大家的认同。

成长问答 >> 如何让别人接纳自己的想法？

在提出自己的想法时，立意一定要新颖，思路要有创意，观点要与众不同，能够给别人带来参考价值。这样的想法才受别人欢迎。

提出自己的想法，是为了让别人听进去。所以，我们在思考问题时，一定要站在对方的立场考虑，从对方的需求出发。这样我们的想法才容易被采纳。

让别人接纳自己的想法，需要采用别人能够接受的用语和交流方式，这样说出的话别人才爱听。

小贴士 TIPS

如何锻炼自己的思考能力和表达能力？

养成思考的习惯。遇到问题多从不同角度思考，有逻辑顺序、有思想内容，使自己的想法有价值。

克服心理障碍，敢于把自己的想法说出来。别人不认同没有关系，只要自己是经过认真思考的，就可以分享给大家。担心太多，会挫伤自己的锐气，使自己变得优柔寡断。

在家里让爸爸妈妈做自己的陪练，多锻炼思考能力和表达能力，使自己爱思考，不怯场。

16 主动在团队中当领导者

　　我们几个朋友打算周末一起去郊游，可大家在讨论时都是各说各的，意见很难一致。我就想站出来协调大家的意见，每个人分工合作。可是看到大家都挺有主见的样子，担心他们不听我的意见，反而难堪，一下子就没自信心了。算了吧，反正每次出去玩都是这样，一开始都挺高兴的，但谁都不想出来做组织者，最后都是随便玩玩就回去了。这次也这样吧，没必要让大家另眼看自己。

　　要想使团队活动达到预期效果，就需要有人站出来指挥协调，做好分工，令团队成员各尽其职。这样，大家才会在活动中收获满满，开开心心。主动出头当领导者吧，别想那么多，这是一次锻炼自己的好机会。

成长中的烦恼

我要不要当指挥?大家会听我的吗?

会不会有人认为我想当领导,嘲笑我?

多担责任多受累,要不就算了。

出头露面当指挥,就要有大气魄,多担责任,多想办法,少计较个人得失。只要是出于公心,大家会愿意听的。

我会这样想

1. 采纳大家的意见,提出最合理的方案,大家会愿意听取自己的建议的。

2. 一个团队总要有人来当协调人,谁当都是为大家服务,不用在意别人怎么看。

3. 遇事总是不愿意主动出来承担责任,那将来怎么干大事呢?

第三篇 在团队中展示自己的才华

社会交际能力训练 >> 如何在团队中当领导者？

① 提出合理化建议

主动收集大家的意见，提出合理化建议。这个建议要包括：玩什么，怎么玩，每个人的责任分工，安全事项。这些都要考虑周全，让每个人都清楚自己的职责，各司其职。

② 学会激励团队和以身作则

肯定每个人的表现，鼓励大家按计划完成每一项任务。主动多承担责任，身体力行解决遇到的困难。经过一次锻炼，就有组织活动的经验了。

③ 学会危机处理，随机应变

在任何活动中，都会出现一些计划外的情况。那就需要伙伴们一起协商，调整计划和分工，在变化中完成预期目标。出现突发情况时，大家一起想办法解决，不互相抱怨。

成长问答 >> 怎么做才是一个合格的领导者？

在任何一个小团队中，里面的每一个成员的性格、爱好、特长肯定都各不相同，想法也会五花八门。要想在团队中做一个领导者，就需要了解大家的想法，调动大家的积极性，发挥各自的优势，让有能力者多承担责任，共同努力把活动搞好。

当团队成员之间出现矛盾时，要发挥领导者的沟通协调作用，说服成员之间互相包容，互相配合，换位思考，少数服从多数。

当领导者肯定会比别人多付出，但并不意味着吃亏，而是一种绝佳的锻炼机会，能够通过承担责任提升自己的领导力。

小贴士 TIPS

主动组织一次小团队活动

自己订计划，当策划，联系朋友，组织活动，当领导者。
把活动计划列出来：

交际能力调查

1. 你喜欢独自学习，还是与同学一起学习？
   _____
   _____

2. 你在班里喜欢表达自己的观点吗？
   _____
   _____

3. 你喜欢接纳大家的意见，还是喜欢大家听你的意见？
   _____
   _____

4. 当同学遇到困难时，你爱主动帮忙吗？
   _____
   _____

5. 你是否喜欢与同学合作完成任务？
   _____
   _____

6. 你有召集大家一起完成任务的经历吗？讲述一下吧。
   _____
   _____

第四篇

找到与老师相处的方法

很多同学都怕老师，不会处理与老师的关系，对老师敬而远之。其实，找到与老师的相处方法，就会发现他们很可敬、可爱，是一群大朋友。

你们俩好!

老师好!

怕我呀?我有那么可怕吗?

老师,您平时老批评我,我可不就怕您嘛。

老师，我是怕您挑我的毛病。
你们两个小猴子，经常捣乱，我还不能管管你们吗？
您应该管！
你们俩以后管好自己，我就不批评你们了。
好的，老师！

17 第一次到老师办公室去

今天老师让我放学到他办公室去一趟,说是有事同我说。我心里很紧张!我犯错了吗?有同学打小报告吗?老师会批评我吗?其他老师看到了会笑话我吗?一想到这些,我一下午都很紧张。怎么办呢?

我们每一个人在上学期间,都会遇到被老师叫去办公室的事情。如果是第一次去老师办公室,肯定会有些紧张,心里忐忑不安,担心很多。特别是预想到可能会有好几位老师在场,更是发怵。但其实没有什么啊,这都是自己吓自己。只要大大方方进去就好了,老师不会为难学生的。

成长中的烦恼

> 老师让我去她办公室，我被同学打小报告了吗？

> 老师发现我犯什么错误了吗？

> 办公室有其他老师在场，那多难看呀！

不用紧张，没有必要自己吓自己。老师又不是老虎，没有什么可怕的。也许老师找自己是有好事呢，自信起来去就是了。

我会这样想

1 仔细想了想，自己没做什么错事，不用紧张，也许还是好事呢。

2 不用猜测老师找我为什么事，我大大方方去就是了。

3 每天都会有同学到老师办公室去，这是很平常的事情，不用担心。

社会交际能力训练 >> 应该如何到老师办公室去？

① 心情放轻松，不必多虑

放松心情，大大方方去找老师，越自信越能展示出自己最好的状态。小心翼翼或者故意装作满不在乎都没有必要，老师要看到的是真实的自己。

② 敲门，喊报告

到老师办公室门外，无论门是否开着，都要先敲门，喊报告。如果老师正在忙，就耐心在门外等一会儿，保持礼貌、安静。

③ 言谈举止有修养

进办公室以后，要有礼貌地跟老师们打招呼，不随便动老师的物品。说话声音要清晰，语调要适度，不影响其他老师正常办公。自己的言谈举止要得体，给老师留下好印象。

成长问答 >> 我们怕老师的心理是什么？

很多人都有怕老师的经历。但我们为什么怕老师呢？可能有几种心理在作怪：一是自己曾经犯过小错，被老师批评过，担心老师会再抓住自己的小把柄；二是某个老师平时比较严厉，他的威严给自己造成心理压力；三是自己想给老师留下好印象，不想被老师发现自己有影响形象的事情。一旦自己在没有防备的情况下遇到老师，都会有一些害怕。

老师是除了父母之外给予我们最多、最关心我们的人。无论是和蔼的，或者威严的，他们内心都是关心和爱自己学生的。所以，不用在心里揣测老师，惧怕老师。只要我们主动多与老师打招呼，与老师多互动，就会突破心理障碍，不再怕老师了。

小贴士 TIPS　害怕老师，怎么办呢？

我们害怕老师，都是因为心里有很多隐性假设，先预设一些对自己不利的场景，结果自己吓自己。要想克服害怕老师的心理，就要做到以下几个方面：

管理好自己，不在班里制造麻烦；上课认真听讲，认真完成作业；积极参与班级活动，争做积极分子；见到老师礼貌周到，热情大方；多与老师沟通交流，与老师建立起互信关系。

做一个自律的孩子，就不用怕老师了。哪个老师不喜欢自律的学生呢？

18 主动找老师解决问题

昨天做完作业太晚了，忘记把作业本放进书包了。今天我没法交作业，怎么办？老师会不会认为我没有完成作业？我必须给老师解释一下。可是我还从来没有直接跟老师打过交道，有些不敢找老师。哎呀，怎么办啊！

这样的情况，我们很多同学都遇到过。想找老师，但又不知如何跟老师打交道，不知该怎么跟老师说。其实，很多老师都是喜欢与学生沟通交流的，只需大大方方找老师说明原因就行了，没有想象的那么难。

成长中的烦恼

> 我去找老师说,老师会不会认为我故意撒谎?

> 如果老师批评我丢三落四怎么办?

> 老师当着大家的面让我丢人怎么办?

我们之所以担心很多,是因为心里总是预设场景,而且都往坏处想,结果把自己吓住了。其实,猜测只是自己的想象而已,并不是真的,放轻松些。

我会这样想

给老师说明情况,老师会认为我很真诚,会原谅我的。

1

老师是通情达理的,会理解的,我不用担心太多。

2

老师最多让我以后注意点儿,养成自我管理的好习惯。

3

第四篇 找到与老师相处的方法

社会交际能力训练 >> **应该如何找老师解决问题？**

① 平时主动与老师互动

我们平时就养成见到老师主动打招呼、说话的习惯，上课认真听老师讲课，给老师留下好印象，就不会遇到事情时不知如何与老师打交道了。

---

② 放下思想包袱，主动找老师

当我们确实需要找老师解决问题时，不用去猜测老师会如何对待自己，主动找老师沟通就好。老师都是古道热肠，会积极想办法帮助我们的。

---

③ 从心里尊敬老师

要从心里尊敬和热爱老师。在与老师之间出现任何误解时，要主动找老师解释清楚，做一个会处理棘手问题的小能手。

成长问答 >> 平时应该如何与老师相处？

老师是我们的师长，不仅教给我们知识，也关心我们的身心成长。一日为师，终身为父。老师在我们的生命里是与父母一样重要的人，所以，我们既要敬重他们，也应该信赖他们，在遇到困难时，应主动找老师帮助解决。

老师与学生是亦师亦友的关系。自己平时在课下碰到老师，要主动问好，热情打招呼。如果有机会，可以同老师聊聊天，互相加深了解，缩短与老师的心理距离。这样，当我们遇到问题时，老师就知道如何帮助我们了。

小贴士 TIPS 说说看，你是怎样找老师解决问题的？

19 找老师请假

　　我明天需要到医院检查身体,要找老师请假,但是我却不知道怎么跟老师说。担心老师认为我事多,担心老师说我找理由不上课,担心老师认为我不爱学习……担心一多,真不知如何开口了。我写一张请假条吧,交给老师试探一下。

　　其实,跟老师请假是一件再正常不过的事情了。当我们有事情需要请假时,直接找老师请假就可以了,一般老师都会批准。耽误的功课过后找老师补习一下,不要影响学习就行。

成长中的烦恼

> 老师会怀疑我故意找借口请假吗?

> 老师会对我请假不高兴吗?

> 老师不批准的话,我怎么办?

老师不是我们想象的那样。我们有所担心可以理解,但不用自己吓自己。老师是长辈,经历的事情比我们多,会理解我们的各种情况,所以,安心就好。

我会这样想

1 我给老师说清楚原因,他会理解的,谁不会生病呢。

2 我生病了,老师应该会关心我吧,一定不会为难我的。

3 生病请假,老师没有理由不批准。回头把功课补起来,不影响学习就好了。

第四篇 找到与老师相处的方法

> **社会交际能力训练** >> **如何向老师请假？**

1 要给老师说明原因

要对老师说明请假的原因，让老师判断你是否应该请假。一般生病请假，老师都会批准的。因为老师也很关心学生的健康。特别是，如果学生是发烧咳嗽，就必须在家好好休息，等病好了再来上学，免得造成同学之间互相传染。

2 说明过后补习功课

要给老师提出来，等病好后让老师给自己补习一下耽误的功课，免得影响学习。事后也确实要这么做，让老师放心。

3 写请假条规避直面老师的尴尬

请假也可以用写请假条的方式。如果当面不好请假，就给老师写请假条，详细说明请假原因，请假多久。态度诚恳，言语礼貌周到。

成长问答 >> 向老师请假，需要说明原因吗？

学校一般都有严明的纪律，要求学生每天按时到校上课，不能无故请假旷课。但如果有事情，还是可以请假的。需要给老师说明请假的原因，让老师判断你是否可以请假。如果是必须请假，老师一般都会批准。

去找老师请假之前，可以提前写好请假条，列明原因。等见到老师以后，简明扼要说明自己为什么请假，等待老师批准。如果是超过一天的假，比如说需要在家卧床休息的假，就需要给老师提供医生开具的病假证明。

小贴士 TIPS 请假条格式

1. 标题：第一行中间写上：请假条，用来表明你要请假。

2. 正文：尊敬的某某老师，我是某某，我因为某某事需要请假，从什么时候到什么时候。写明请假的原因和时间。

3. 署名：在正文右下方签上自己的名字。

4. 日期：写在签名下面。

5. 写作要求：请假条最重要的是要写明请假原因和时间。

20 应对被老师突然提问

我平时不爱举手回答问题，老师也很少点我的名。所以，在课堂上，我也很少做回答问题的心理准备。但今天破天荒了，数学老师竟直接点名让我回答问题，搞得我措手不及，结结巴巴回答得很没有条理，惹得同学们都看着我笑，尴尬死了。

这种情况确实在课堂上会遇到。被突然点名的同学通常会感到很紧张，只能硬着头皮回答了，但是因为没有心理准备，回答的效果可想而知。为了防止这种突发情况，就需要随时做好被老师点名的准备，提前在心里组织好答案。

成长中的烦恼

> 老师怎么能够搞突然袭击呢？

> 老师是想让我当众出丑，太丢人了。

> 我要被同学耻笑了，说我学习能力太差。

被老师突然提问，一般人都容易心慌意乱。但被老师提问是随时会发生的事情，所以，平时就要认真听讲，对老师的每一个问题在内心组织好答案。这也是我们应有的学习态度和方法。

我会这样想

1 老师这是提醒我，听课要用心，不能分神，开小差没法学好。

2 如果我认真听讲，认真思考，就不会回答不好，所以以后要吸取教训了。

3 谁没有上课分神的时候呢，以后我会注意力集中，用心听讲的。

第四篇 找到与老师相处的方法

社会交际能力训练 >> **如何应对老师突然提问?**

① 迅速思考,边想边答

如果自己当时认真听课了,即使提前没有做好准备,但随机应变还是可以回答出来的。所以,不要慌,迅速在大脑里组织答案,边想边答,尽自己的能力把问题回答好就可以了。

② 坦诚告诉老师自己分神了

如果自己没有认真听讲,不知道应该怎样回答,就可以坦诚地跟老师说:"对不起老师,我刚才分神了,还没有想好答案,您先让别人回答吧。"

③ 给老师道歉,找老师补习

过后找老师补习一下,把没有弄明白的问题弄懂,同时也给老师道歉,说明在课堂上没有全神贯注地听讲和思考,以后会认真学习的。

成长问答 >> 如何应对老师突然提问？

老师在讲台上，对每个同学的表现看得一清二楚。谁认真听讲，谁在开小差，老师都非常清楚。老师会突然袭击点名让某一个同学回答问题，一种可能就是老师看到你没有好好听讲，用这种方法给你一个提醒，让你把注意力收回来。另一种可能就是，你总不回答问题，老师要看看你到底会不会，好对自己的教学效果做一个检验。

作为我们自己，不要因为老师突然点名就惊慌失措，或者就抱怨老师突然袭击。我们上课时本来就应该全神贯注认真听讲，如果确实走神了，就给老师解释清楚，诚恳地争取老师给自己补课，把知识点掌握住。

小贴士 TIPS 一个课堂提问引出的笑话

有一位同学叫马虎，上课不认真听讲，偷偷睡觉。老师看在眼里，就让他起来回答问题。他一时惊慌，就说："马虎不在。"老师说："哦，他干什么去了？"马虎只有撒谎："他生病了。"同学们都笑，老师说："那你替他回答问题。"马虎这下傻了，说："老师，我不会。"老师说："好吧，你和马虎明天一起到我办公室去，我给你们俩补课。"同学们笑得更欢了，马虎恨不得钻到地底下去："明天可怎么办呀？"

第四篇 找到与老师相处的方法

21 遭到老师批评

今天在语文课堂上,因为与同学小声讨论问题,我被老师批评了。当时班里的同学都看着我,好丢人。语文老师这分明是不喜欢我,让我难堪。我以后真不想上他的课了。

在学校,一些同学因为老师批评自己而不喜欢老师,不好好上该老师的课,结果造成偏科,影响学习效果,得不偿失。所以,要正确看待老师的批评。如果是自己错了,及时改正就好了,不必小心眼儿,跟老师闹别扭。如果是老师误解自己了,就主动找老师解释清楚,消除误会。

成长中的烦恼

> 语文老师不喜欢我,专挑我的毛病。

> 我以后不好好上他的课了。

> 我不上他的课,是他的损失。

我们每一个人都有自尊心,都不想被批评。但被批评时,我们心里要清楚,老师是针对我们做错的事情进行批评,而不是否定我们自己,不会损伤我们的自尊心,所以我们改正就好,不要有思想包袱。

我会这样想

1. 老师批评我,如果确实是我错了,改正就好。老师是对我负责,不能太玻璃心。

2. 老师还不是为了我好,说明他是一个负责任的老师。

3. 我才不与老师作对,那样受损失的是我自己,我才不会犯傻。

第四篇 找到与老师相处的方法

社会交际能力训练 >> **如何对待老师的批评？**

① 接受批评，改正错误

老师一般不会无缘无故随便批评学生，他一定是觉得有些地方需要引起学生的重视，才批评学生。如果老师批评的是对的，那就要积极接受批评，改正错误。

② 正确理解老师的批评

如果老师确实是误解你了，那就需要去找老师解释，消除老师的误解。不要因为老师的误解就对老师抱有成见，觉得老师不喜欢自己。

③ 把批评当成激励

被批评时，心里不开心是很正常的，可以把批评当成成长过程中的一次小挫折，锻炼一下自己的心理承受力，激励自己今后表现得更好些。

成长问答 >> 被老师批评时,应该怎样想?

被老师批评,心里肯定会有很多负面情绪,这是正常的。因为我们每一个人都有自尊心,都期望被肯定,不想被否定。实际上,老师批评我们,是对我们做出的事情持批评态度,而不是否定我们的人,不要把这两者混淆在一起。只要我们改正了错误,我们的人格一点儿都不受损。

当老师批评我们时,心里要冷静,弄清楚老师批评我们的原因是什么,如果确实是我们错了,就要坦然承认错误,对做错的事情进行改正。如果是老师因为掌握的信息不全面,误解我们了,就主动找老师澄清事实,消除误会。这也是在锻炼我们解决问题的能力。

小贴士 TIPS 当被老师批评时,你是怎么想的?

回顾一下自己曾经被老师批评时,是什么心情?如果你当时知道了处理这件事情的方法,你会怎样处理?

22 被老师当众表扬

老师当众表扬我作文写得好,让其他同学向我学习。同学们都夸奖我,给我鼓掌。我心里美滋滋的,也很不好意思,不知道应该谢谢大家,还是应该谦虚一番。结果结结巴巴,话都说不好了。

在这种场合,我们通常应该怎么做呢?过于谦虚,或者过于骄傲,都不太合适。正确的做法是:大大方方地接受大家的赞赏,感谢大家的认可,恰如其分地正面回应就可以。

成长中的烦恼

> 我是不是应该表现得很谦虚，否则别人会认为我嘚瑟吧？

> 如果太谦虚，别人会认为我虚伪吗？

> 哎呀，心里有些小得意又不敢表现出来，好窘迫呀！

我们中国文化提倡做人要谦虚，所以当获得荣誉时，一般大家都会谦虚一番。但我们是新一代，可以展现出我们的自信，大方接受赞美就很好，只要不骄傲就行。

我会这样想

1 老师夸我是对我的肯定，我应该表现得大方自信。

2 同学们赞赏我，对我认可，我要感谢大家，不用故意表现得很谦虚。

3 我应该微笑回应大家的赞扬，谢谢大家，继续努力。

社会交际能力训练 >> **被表扬时，应该怎么做才好？**

① 大方接受夸奖

当我们被当众表扬时，既不需要刻意表现得很谦虚，说一些虚假的话；也不需要扬扬得意，在别人面前显摆。大方接受别人的夸奖就可以了。

② 自我激励，为其他同学做出表率

被老师表扬，说明这次自己做得不错。要增强自信，继续努力，让自己做得更好，为其他同学做出表率。

③ 分享自己的经验，共同进步

被老师表扬说明自己已经走在了同学前面。要主动给同学们分享自己的经验，让大家与自己一起进步。这样，可以收获更多的友谊哦。

成长问答 >> 面对表扬，应该保持什么心态？

当我们被当众表扬时，会一下子进入一种不好意思的状态。这说明我们内心很善良，也说明我们还没有学会应对这种场景。其实这也是锻炼我们交际能力的机会。得体地微笑、致谢，彬彬有礼，大方得体就行。

老师当众表扬我们，既是给予我们荣誉，也是期望其他同学向我们学习，所以，我们除了感谢，还要继续做好自己，为其他同学树立榜样。

小贴士 TIPS 讲一讲，你最得意的一次被老师表扬的经历

交际能力调查

1. 你害怕老师吗？说说你为什么怕老师？
   _____
   _____

2. 你有没有经历过主动找老师解决问题？
   _____
   _____

3. 老师有没有误会过你？你是怎么做的？
   _____
   _____

4. 当老师批评你时，你心里的感受是什么？
   _____
   _____

5. 你有没有特别想让老师重视你？
   _____
   _____

6. 你有没有主动找老师聊过天，加深与老师的感情？
   _____
   _____

第五篇

在家中做懂事有礼的孩子

我们在一天天长大,憧憬着挣脱父母的管束,但是又离不开父母的养育。如何处理好与父母的关系,是我们成长的必修课。

糟糕！考砸了。
我要关起门
静一静。
怎么了，
儿子？
妈妈，您昨天让表弟
来家里玩，耽误了我
复习，我考砸了。
哎呀，妈妈忽略你要
复习功课了，儿子，
妈妈向你道歉。

以后我们商量好，再让表弟来。
是我没有认真复习好，不能怪您和表弟。
孩子，你能这样想，比你考100分都好。
为什么？
你能客观地认识到自己的问题，很了不起。

23 做爸爸妈妈的好朋友

小时候，爸爸妈妈是我最信赖的人了，什么都对他们说。现在我长大了，很多事情不想跟他们说了，觉得他们干预我太多。宁愿写进日记里，或者跟朋友说，也不想对爸爸妈妈说。当爸爸妈妈进我房间翻看我的日记时，我甚至会生气。我为什么会有这种心理？是我变得不懂事了吗？

其实，这是我们成长过程中的正常现象。当我们进入小学高年级，自我觉知能力开始增强，独立思考能力和自立能力逐步提升，心理上不再依赖爸爸妈妈了，想独立思考和解决问题，拥有更多自由和独立空间，这是心理成长的必然过程。这时我们可以尝试把爸爸妈妈当成好朋友，既尊重他们，听从他们的建议，又不依赖他们，像朋友一样相处。

成长中的烦恼

> 我不喜欢爸爸妈妈什么都管我。

> 我觉得爸爸妈妈很唠叨。

> 是我变得不懂事了吗?

随着我们慢慢长大,自理能力和独立意识不断增强,不再需要爸爸妈妈什么事都替我们做主了,那我们就要主动调整与爸爸妈妈的相处方式,成为互相帮助的好朋友。

我会这样想

1. 我长大了,可以自我管理了,不能让爸爸妈妈再替我操心了。

2. 即使爸爸妈妈说的话不入耳,我也应该尊重他们,理解他们的心意。

3. 我有一些小心思不想让爸爸妈妈知道,但我需要给他们解释清楚。

第五篇 在家中做懂事有礼的孩子

社会交际能力训练 >> **我应该怎样与爸爸妈妈相处？**

① 学会换位思考

有主见是好事情，说明我们在长大。长大就意味着我们应该学会换位思考，多关心和理解爸爸妈妈，跟他们说话语气要和气友好，让他们听着舒服。

② 理解和尊重爸爸妈妈

我们心里有一些小秘密，这很正常哦，可以不告诉爸爸妈妈，但也不用防范他们。如果自己确实遇到了烦恼的事情，还是应该跟爸爸妈妈说，他们毕竟比我们更有生活经验，能帮我们解除烦恼。

③ 坚信爸爸妈妈是我们的后盾

试着把爸爸妈妈当成知心朋友，当遇到难题时，把他们当成第一倾诉对象。爸爸妈妈一定是坚定地与我们站在一起的。

成长问答 >> 如何与爸爸妈妈做朋友？

爸爸妈妈一直都在用全身心爱着我们，总想什么都替我们安排好，没有意识到我们已经长大了，可以自己做主了。那我们就需要多与他们沟通，说清楚自己需要什么，不需要什么，像好朋友一样真诚相待。

爸爸妈妈在单位里都很忙，回到家里还要给我们做饭，收拾家务，辅导作业。每天从早忙到晚，很辛苦。我们要主动关心他们，替他们分担一些家务，爱护他们，让他们开心，使他们心里感到温暖。

小贴士 TIPS

从下面的小故事里，你明白了什么道理？

斑鸠妈妈在看到一只狼或者其他食肉动物接近自己孩子的时候，便会假装受伤，好像翅膀折断了，一瘸一拐地逃出穴窝。这时，这只食肉动物就会放弃攻击小斑鸠，转而攻击斑鸠妈妈，希望能够捕食这只"受伤"的猎物。当斑鸠妈妈把这只食肉动物引到一个远离穴窝的地方时，就会振翅飞走。斑鸠妈妈冒着生命危险保护幼小的斑鸠，使它们能够活到成年。这就是天下所有妈妈对孩子无私的爱。

24 理解爸爸妈妈

有时候我会被爸爸妈妈批评,心里很难过。我心里想着:他们是我的爸爸妈妈吗?怎样可以这样对待自己的孩子?心里感到很委屈,甚至有些愤怒。觉得他们不是好父母,没有其他同学的爸爸妈妈好。你们也会这样想吗?

再遇到这种情况可以这样想:他们也许不是完美的父母,但却是最爱自己的人。他们批评自己,是因为想让自己更优秀。他们每天工作很辛苦,很累,总会有心情不好的时候,对我们发脾气,但他们在心里是非常爱我们的。他们也是第一次当父母,没有经验,偶尔也会出一些差错。这样一想,我们是不是应该原谅他们,多理解他们呢?好好与爸爸妈妈沟通,相信任何不愉快都会消散。

成长中的烦恼

今天爸爸批评我了,我一天都没有理他。

爸爸总说隔壁的孩子优秀,他是不喜欢我吧?

我觉得我的爸爸妈妈不如同学的爸爸妈妈好。

世界上最爱我们的人是我们的爸爸妈妈。如果爸爸妈妈与我们之间有什么误会,那就主动告诉他们,早点儿消除误会。这也是我们长大,有能力解决问题的表现。

我会这样想

1. 爸爸批评我,我需要反思一下,是不是我确实做错了。

2. 我一定努力学习,取得好成绩,让爸爸为我骄傲。

3. 我的爸爸妈妈是世界上最爱我的人,我要多爱他们,回报他们。

第五篇 在家中做懂事有礼的孩子

社会交际能力训练 >> **怎样理解爸爸妈妈的批评？**

① 理解爸爸妈妈

当爸爸妈妈批评我们时，感到委屈是很正常的。因为我们并不是他们说的那样，他们误解我们了。怎么办呢？只需要心平气和地解释一下，就可以消除误解。

② 多关心爸爸妈妈

爸爸妈妈每天工作很辛苦，可能还被领导批评，心情有时候也会不好。他们可能会把负面情绪带回家，所以，我们要谅解爸爸妈妈，多关心他们，让他们心里感到温暖。

③ 为爸爸妈妈减轻负担

主动给爸爸妈妈做做饭，替他们干些家务，用我们贴心的行动为他们营造幸福的家庭氛围，他们一定会更爱我们啦。

成长问答 >> 为什么应该对父母心怀感恩？

我们的爸爸妈妈可能不是世界上最优秀的爸爸妈妈，但一定是最爱我们的人。他们也会有各种缺点，也会犯错误，我们不能要求他们完美。不论他们穷与富，他们都倾其所有给予我们一切，爱我们，关心我们，让我们受教育，对我们寄予期望。

我们一定要心怀感恩，感谢他们像天使一样保护我们，给我们一切。

我们能做的，就是要爱他们，好好学习，不辜负他们的爱和期望。平时为他们做一些力所能及的事情，回馈他们，给他们的内心带来温暖和幸福。

小贴士 TIPS 下面这个小故事讲了一个什么道理？

从前有一个孩子，他的爸爸很早就去世了。他的妈妈是既当爹又当妈，含辛茹苦、省吃俭用把他养大，把最好的东西都留给了他。但他觉得自己活得很不幸福，都是妈妈的错，对妈妈很不好。有一天，家门口来了一位和尚。男孩向和尚诉苦，祈求佛祖保佑他过上幸福的生活。和尚说："你家里就有一尊佛，在一直保佑着你，但你不懂感恩。所以你与幸福无缘啊。"男孩终于明白了，跑回家给妈妈跪下："妈妈，我错了！你给了我那么多，我却一直不懂感恩。"

25 把坏事告诉爸爸妈妈

　　我今天在上学路上遇到了一个奇怪的人，一直跟着我，问这问那，搞得我很害怕，不知道他想干什么。到学校以后心里一直很不安，课都没有上好，老是分心。我是不是应该告诉爸爸妈妈？如果告诉他们，他们会不会以为我大惊小怪，或者为我担心，影响工作。可是我不告诉他们，再遇到那个人怎么办？我没有办法应对啊。

　　许多同学都会遇到自己处理不了的难事，但是又不想告诉爸爸妈妈。一是怕被爸爸妈妈误解，二是不想让爸爸妈妈担心自己。但是我们要相信爸爸妈妈能够给我们提供支持和帮助，帮我们解除麻烦。所以，当遇到不能解决的问题时，一定要及时告诉爸爸妈妈。

成长中的烦恼

> 告诉爸爸妈妈，他们会说我小题大做吗？

> 他们知道后，会很担心我吗？

> 我妈妈会报警吧？我可不想闹得学校知道。

遇到麻烦事时，要告诉爸爸妈妈，或者寻求他人的帮助，让自己摆脱困境。因为我们还小，有些事情是我们的能力解决不了的，寻求帮助是解决问题的好办法。

我会这样想

1 遇到这种事情，让爸爸妈妈知道是对的，可以给我提供保护。

2 爸爸妈妈经验丰富，会知道怎样处理。如果不告诉他们，反而对自己不好。

3 是不是需要报警，爸爸妈妈会做出判断，不用我担心太多。

第五篇 在家中做懂事有礼的孩子　117

社会交际能力训练 >> **应该把坏事情告诉爸爸妈妈吗？**

① 爸爸妈妈是我们的坚强后盾

平时把爸爸妈妈当成可以信赖的好朋友。遇到任何自己处理不了的事情，都可以告诉爸爸妈妈，他们是我们的后援团，随时准备为我们提供支持。

② 遇到麻烦事要让爸爸妈妈知道

分清楚小秘密和麻烦事的界限。如果我们想保守属于自己的秘密是可以的，但是如果是麻烦事，那就不是小秘密了，必须寻求爸爸妈妈的帮助。

③ 相信爸爸妈妈的能力

不用担心爸爸妈妈知道后把事情弄糟，因为爸爸妈妈是有丰富经验的，完全有能力把事情处理好。

成长问答 >> 遇到麻烦事，如何寻求帮助？

我们年龄还小，有一些事情是我们这个年龄搞不定的，那就需要寻求帮助。而爸爸妈妈是我们身后的大山，是我们的精神支柱，当遇到困难时，要及时告诉爸爸妈妈，他们随时会挺身而出帮助和保护我们。

还可以寻求警察叔叔和身边大人的帮助。当遇到紧急情况时，不要犹豫，应积极向身边的人求助。当然，我们需要对身边的人做出判断，确定他是可以帮助自己的人。还可以给警察叔叔打电话，这也是积极的解决问题方法。

小贴士 TIPS　解决麻烦问题的策略

当遇到危险时，如果当时周围有其他大人在，可以根据自己的观察判断，找到可以帮助自己的人，然后跑过去寻求他的帮助，可以让他帮忙打电话给爸爸妈妈，或者打电话给警察叔叔，这样我们就可以迅速得到保护。

在外面遇到了麻烦事，回家要告诉爸爸妈妈，让他们帮助自己分析判断，给我们出主意想办法，使我们更有经验处理麻烦问题。

26 与家族中人友好相处

　　我们家是一个大家庭。我爸爸这边有爷爷奶奶，叔叔、姑姑，堂兄弟，表兄妹；我妈妈这边有外公外婆，姨母舅舅，表兄弟姊妹，人可多了。我们经常举行家庭聚会，可热闹了。我很喜欢我们这个大家庭，喜欢聚会，一大家人在一起交流、玩耍。

　　我们中国人很重视亲情，喜欢一大家人互相走动，互通有无，互相帮助。作为大家庭的一分子，在与家族中不同年龄的人融洽相处中，可以提升我们的情商，锻炼我们的待人接物能力。

成长中的烦恼

> 大人们聚到一起就爱说我们小时候的糗事,让人很尴尬。

> 我很怕他们问我考试成绩怎么样。

> 大人们老是拿我们兄妹们做比较,让人很难堪。

家里长辈喜欢问这问那,说明他们关心我们,爱我们。没必要有心理负担,有什么就说什么。在这个大家庭里长大,多幸福呀。

我会这样想

1 大人们以我们为骄傲,把我们小时候的事当家珍经常拿出来数数,没关系呀。

2 长辈们问学习成绩是关心我们,期望我们更优秀,就当成对我们的鼓励好了。

3 大人们期望家族里每一个孩子都很优秀,我们就自我激励好好努力吧。

第五篇 在家中做懂事有礼的孩子

社会交际能力训练 >> **应该如何与家族中人相处？**

① 尊敬长辈

见到家族里的长辈礼貌相待。无论他们问什么，都是关心我们，没必要觉得难堪而回避他们。好好陪他们聊天，把我们经历的趣事分享给他们听，让他们高兴。

② 与兄弟姐妹友好相处

堂兄弟姐妹和表兄弟姐妹，都和亲兄弟姐妹一样亲，平时多来往，互相帮助，共同成长。

③ 为家族争取荣誉

努力学习，争取好成绩，为家人争取荣誉，使家人为你的优秀而骄傲和自豪。

成长问答 >> 我应该怎么做才好？

一个家族里的人都有血缘关系和姻亲关系，都是自己主要的社会关系相关人，与他们交往，不必有心理负担。对长辈要尊敬，敬辞放在口边，尊重放在心里，尽自己的能力为他们尽点儿孝心。无论是考个好成绩，送点儿小礼物，还是帮他们做一些事情，都是可以的。这都是联络感情的不同方式。

同辈的兄弟姐妹们，大家可以无拘无束一起玩，一起学习，一起干活，在互相激励中共同进步。有一群同龄的兄弟姐妹一起成长，是多么宝贵的经历，好好珍惜吧。

小贴士 TIPS

与家中长辈相处的技巧

有空多关心爷爷奶奶，他们年龄大了，很多时候力不从心了，我们可以多帮他们做一些事情，让他们感到幸福。

把我们每天知道的新鲜事儿分享给他们听，教他们使用最新的社交工具，比如微信，帮助他们扩大社交圈，使他们开心。

有时间可以多听爷爷奶奶讲他们的人生经历，他们可是经历过很多事情的人，有很多故事，多听听，对我们成长会有很大帮助的。

27 有礼貌地接待客人

每次家里来了客人，我都特别开心。总是忙不迭地给客人端茶端水果，叔叔长阿姨好叫个不停，话多得停不下来，很受客人喜欢。我爸爸妈妈也乐得我这么热情待人。时间长了，我也锻炼得特别会招待客人。

接待客人有利于培养我们的交际能力。来到家里的客人，一般都是亲戚朋友、街坊邻居，都是熟人，接待起来没有压力，更容易展示自己。我们要拿出主人应该具备的待客之道，热情友好，彬彬有礼，让客人满意。在待人接物的过程中，锻炼我们的交际能力。

成长中的烦恼

> 接待客人时,我不知道说什么话。

> 客人问这问那,我不知如何回答。

> 大人关心的事与我关心的事不一样。

来到家里的人基本都是亲戚、朋友、邻居,不用有心理负担。同时,作为家庭的一分子,我们有义务陪爸爸妈妈招待好客人。抓住送上门的交际机会,锻炼自己的社交能力吧。

我会这样想

1 可以聊一些与大人共同关心的话题,培养自己的聊天能力。

2 说说自己的学习、爱好,自己感兴趣的事情,讲讲故事,就像与家人在一起一样。

3 大人都有丰富的知识,听他们聊天可以学很多东西,很有趣。

第五篇 在家中做懂事有礼的孩子

社会交际能力训练 >> **怎样培养接待客人的能力？**

① 提前了解客人信息

在客人到来之前，先向父母了解哪些客人要来，什么时间来，与自己家里是什么关系，以及该如何称呼，在心理上做好接待客人的准备。

② 与父母共同做好接待前的准备工作

打扫房间，采购水果、准备果盘，准备好水杯，共同创造欢迎客人的环境。

③ 与父母一起接待客人

到家门口欢迎客人，请客人落座，倒水端水果，陪客人聊天。把自己的玩具拿出来给小朋友玩，给客人展示自己的才艺。大人聊天时，做一个安静的旁听者。

成长问答 >> 接待客人能锻炼交际能力吗？

接待客人很锻炼我们的交际能力。首先需要我们热情友好，说和善的语言，展示亲和力；其次，与人沟通和聊天，锻炼我们的语言表达能力和沟通能力；最后，给客人端茶倒水，迎送客人，锻炼我们的交际能力。

我们平时生活在学校里，与成人交际机会很少，接待客人正是一个不错的交际机会。况且这个交际的场所是自己熟悉的家里，可以无拘无束，更容易锻炼我们的交际能力。所以，抓住每一次送上门的机会，好好锻炼自己吧。

小贴士 TIPS

说一说，自己在家里是怎样接待客人的？

第五篇 在家中做懂事有礼的孩子

交际能力调查

1. 你是否理解爸爸妈妈?你是否认为他们每天很辛苦?

2. 你与爸爸妈妈之间是否经历过误会?是谁最先消除误会的?

3. 你会告诉爸爸妈妈学校里发生的事情吗?

4. 当你遇到麻烦时,是否第一时间求助爸爸妈妈?

5. 你认为与爸爸妈妈之间有交流障碍吗?

6. 当爸爸妈妈干预你玩游戏时,你是否觉得他们做得对?

第六篇

提升交际能
力的秘诀

会尊重、会倾听、会赞美、会幽默、会共享，当我们掌握了这些秘诀，就成为一名人见人爱、高情商的社交达人。

我们一起到楼下踢球吧。
对不起，我还有事，不能跟你一起玩。
我才不跟你玩呢。
宝贝，为什么？
他一身毛病，很讨人嫌。
孩子，每个人都有优点，你有没有发现他有什么优点？

他也有一些优点。比如总想找我玩，向我学习。
对嘛。你要学会欣赏别人的优点，不要只盯着别人的缺点。
我只想欣赏比我强的人，不想欣赏比我差的人。
每个人都渴望被欣赏。你欣赏他，他就会变得更好。
不要只为自己喝彩，学会欣赏别人，你才能变得更优秀。
真的吗？

28 尊重是相互的

　　我们班有个别同学不知道尊重别人，不在意别人的感受，总爱随便拉扯推搡同学，大家都不喜欢他。我觉得，他这是对别人的不尊重。一个不尊重别人的人，怎么可能赢得别人的尊重呢？尊重是相互的。如果自己不把别人当一回事，又怎么能期望别人喜欢你，与你成为朋友呢？

　　说得对。心里尊重别人，多一些谦和与尊敬，才能赢得别人的尊重。我们平时要通过一言一行，来传递出对别人生命和人格尊严的尊重，这样才能赢得更多朋友。

成长中的烦恼

如果同学不尊重我,我还要尊重他吗?

有些人不优秀,我要尊重他吗?

我只尊重比我强的人。

每一个人在人格上都是平等的,不管他优秀或者不优秀,富有或者贫穷,有学问或者没文化,都有权利得到尊重。我们尊重别人,也是在尊重我们自己。

我会这样想

1. 尊重别人是一种教养,不是为了等价交换。尊重别人也是尊重自己。

2. 即使一个人不优秀,也有值得我尊重的地方。

3. 尊重是相互的,我尊重别人,别人也会尊重我。

社会交际能力训练 >> **应该如何尊重别人?**

① 用行动尊重别人

把敬辞放在嘴边,说话有礼貌。在公共场所礼让他人,在言谈举止中维护他人尊严。

② 尊重他人人格尊严

决不要有歧视心理和行为,包括身份歧视、性别歧视、地域歧视等。不说伤害人的话,不做伤害人的事情。

③ 尊重他人的个性、爱好和想法

能经常站在别人的角度思考问题,尊重别人的个性、爱好、习惯和想法,不随便否定他人,不为一些小事儿斤斤计较。

④ 多帮助有困难的人

多帮助他人,特别是遇到困难的人。这时人的内心会很无助,甚至很自卑,你的帮助会让他获得尊严,他会很感激你的。

成长问答 >> 我为什么要尊重别人？

在人际关系中，要想得到他人的尊重，最好的办法就是尊重他人。任何人在心底都有获得尊重的渴望，受到尊重的人会变得宽容、友好，容易沟通。所以，尊重他人，也就能得到他人的尊重。

那么如何尊重他人呢？第一是尊重他人的人格，不要随便贬低别人；第二是尊重他人的意见，不要武断否定别人；第三是尊重生命，多去关心他人，让他感到被尊重和关爱。

我们要有一个博大的胸怀，能够包容别人，多看别人的优点，从心里尊重别人，让别人感到有尊严，这样，我们才能赢得别人的尊重。

小贴士 TIPS 尊重别人就是尊重自己

在与同学交往过程中，一定要尊重同学的人格尊严。当我们帮助同学时，不要有高高在上的优越感，觉到自己是在施舍；当开玩笑时，不要搞恶作剧，把玩弄别人当快乐。这都是对对方人格尊严的不尊重。

在与同学讨论问题时，要尊重同学的意见，即使自己不认可对方，也不要说风凉话。要尊重同学的个性和爱好，不能因为自己不喜欢就嘲笑别人。在互相尊重中，才能生长出友谊之花。

29 会倾听是交际的基础

晚上,奶奶坐在沙发上,讲我们家的故事。我和爷爷、爸爸妈妈都在听她讲。当我想说话时,妈妈伸出食指嘘我,示意我不能随便打断奶奶的话。妈妈总说,我们为什么长了一张嘴巴两只耳朵?那是在告诉我们,要多听听别人在说什么。学会倾听别人,这是对别人的尊重,也是人际交往的基础。

每个人都渴望被尊重和重视,而被倾听是其中很重要的一部分。当我们与同学在一起时,要多倾听对方的想法,领会对方想表达的心声,积极回应对方,使对方感到被尊重和支持。这样,同学才会更愿意与我们分享自己的想法,彼此也更容易成为知心朋友。

成长中的烦恼

> 我没有耐心一直听别人讲。

> 如果别人一直说个不停,能让他停下来吗?

> 我不同意他说的,能反对吗?

倾听是对别人的尊重。特别是一个人正在讲自己的想法时,是有一个思路的,如果贸然打断,就会打断他的思路,使他再花时间思考。这是对他思想成果的不尊重。所以,学会倾听是一种礼貌和修养。

我会这样想

1. 倾听是尊重别人。如果不同意对方的想法,可以等他说完了再发表意见。

2. 打断别人的话是不礼貌的,我一般都听别人说完。

3. 听别人说话,就要站在对方立场去理解他为什么这样说。

第六篇 提升交际能力的秘诀

社会交际能力训练 >> **怎样倾听别人合适？**

① 倾听时要真诚、有耐心

听别人说话，态度要真诚，用眼睛看着对方，积极回应对方。别人说话时要有足够耐心，不随便打断别人，表现出礼貌和尊重。

② 要与对方感同身受

无论对方想表达什么观点，传递什么心情，我们都要站在对方的角度去理解他，这样才能感同身受，分享和分担他的想法和心情。

③ 要积极回应对方关切

把注意力放在对方说话的内容上，准确理解对方想传递的信息，给予对方积极的回应，使对方感到被理解和认同。

成长问答 >> 学会倾听很重要吗？

一个高情商的人，一定是既会说话，又会倾听别人说话的人。因为善于倾听，你才知道别人是怎么想的，别人想表达一个什么想法，这样才容易沟通。如果各说各的理，到最后肯定是谁也没听清对方想说什么，也就不容易达成共识。

善于倾听的人，总是善于理解和沟通的。当一个取得优异成绩的同学把好消息告诉你时，他是期望你分享他的喜悦。当一个考试失误的同学把他的烦恼告诉你时，他是期望得到你的安慰。所以，会倾听才能理解对方的心意。而且因为你分享和分担了他的感受，他会视你为知己，更愿意与你交往。

小贴士 TIPS

倾听的技巧

我们在倾听时，一定要耐心听，不打断对方，让对方说完；要面带微笑，看着对方，表现出足够的真诚和善意；要专注，不分心，这样才能记住对方的话；要认真思考对方的话，及时回应对方，让对方感到被重视；听的过程中，要用肢体语言提示对方说下去，让对方感受到你的支持与鼓励；听完要给予信息反馈，提出合理化建议，让对方知道，和你说话达到了交流目的，很有收获。如果我们能当好一个倾听者，一定可以成为受欢迎的人。

第六篇 提升交际能力的秘诀

30 会赞美更受欢迎

　　我喜欢自己动手制作玩具,得益于爸爸的赞扬和鼓励。爸爸赞扬我的话就像具有魔法一样,能促使我克服困难,做得更好。爸爸说,赞美之所以具有不可思议的神奇力量,是因为赞美如同微笑一样,是照在人们心灵深处的一缕阳光,能使人焕发出自信和力量。说得太对了。我是赞美的受益者,我也要赞美别人,给别人送去温暖!

　　赞美之所以能对人产生深刻影响,是因为它能满足人们内心深层次被肯定的需要,从而自我激励和自我驱动。英国前首相丘吉尔曾说过一句话:"你要别人具备怎样的优点,你就怎样去赞美他!"这说明赞美具有激发潜能的作用。因此,我们除了需要被赞美,还要多赞美别人。

成长中的烦恼

> 我觉得赞美别人就是拍马屁。

> 我觉得赞美别人时说的是假话，言不由衷。

> 赞美的话说得不好，就像拍马屁拍到马蹄上了。

赞美是发自内心的对别人的认同和欣赏，只要用词恰当，就一定能让对方感到心情愉悦，调动别人内心的自信和力量。而且因为我们懂得欣赏和赞美别人，可以获得更多好朋友。

我会这样想

1 赞美别人必须是发自内心地对别人，不是说虚假的话。

2 赞美别人，一定要抓住别人身上的优点，把握好赞美的尺度。

3 赞美的用词要讲究，要符合事实，不能信口开河，夸大其词。

第六篇 提升交际能力的秘诀

社会交际能力训练 >> **如何赞美别人？**

① 赞美要发自内心

赞美别人，一定要发自内心，是从心里认可别人。发自肺腑的话才能打动人，才有力量。如果说一些言不由衷的话，别人是能听出来的，不仅达不到赞美人的目的，反而适得其反。

② 赞美用词要讲究

赞美别人时，一定要把握好尺度，用语要恰如其分，不能太夸张。适度的赞美，会让人觉得心情舒畅，而超过了限度的赞美则会使人感到尴尬。

③ 把握时机，适时赞美

每个人身上都有优点。所以，我们要随时发现别人身上的闪光点，在恰当的场合适时赞美别人。这样会使我们总能处于融洽的人际关系中。

成长问答 >> 赞美别人，要把握哪些要点？

赞美要情真意切，发自内心。不仅要"锦上添花"，更要"雪中送炭"，让被赞美者能从中获得自信和力量。

真诚的赞美是有尺度的。几何学中，线段有一个黄金分割点，赞美也一样，也有这样的一个界限。赞美用语不能夸大其词。最好的赞美往往恰如其分，含蓄而有力度，让人迷醉。

赞美是一种艺术，能给双方带来快乐，并且在对方心里引起共鸣，就如同美妙的音乐一样。

我们赞美别人时，只要把握好这些尺度，在心里提前想好赞美的话，就会如口吐莲花，美妙而受人欢迎。

小贴士 TIPS

赞美的故事

美国著名教育家卡耐基小时候非常调皮。他九岁的时候，父亲再婚。父亲对新婚妻子说："卡耐基是全郡最坏的男孩，令我实在头痛。不定明天早晨就会做出什么坏事！"没有想到，继母微笑地看着卡耐基说："你错了，他不是全郡最坏的孩子，而是最聪明的孩子，只是他还没有找到发泄热忱的地方。"此话一出，卡耐基的眼泪就哗哗地流了下来。他非常感谢继母，决心改掉所有坏毛病，做一个优秀的孩子。从此以后，卡耐基就像变了一个人，他靠着勤奋努力，终于成为一名成功人士。

第六篇 提升交际能力的秘诀

31 说话懂幽默，交流更和谐

每天晚饭后，我爸爸就会讲笑话逗全家开心。今天讲的笑话特别可笑：面条和馒头为了争宠，面条把馒头打了一顿。馒头发誓要报仇。一天，馒头在餐桌上遇见了方便面，不问青红皂白，就把方便面打了一顿。方便面委屈地说："你为什么打我？"馒头说："别以为你烫了头发，我就不认识你了！"太逗乐了，我决定明天晚上就吃馒头和方便面。

一个家庭经常讲幽默故事，不仅可以营造轻松的家庭气氛，还能培养家人的幽默感。所以，我们可以经常在家里搞一些情景表演，用夸张的装扮和诙谐的语言为家庭创造快乐。在这种快乐氛围"滋养"下，我们就会生出幽默气质。

成长中的烦恼

> 我不知道怎样说话才算幽默。

> 我给别人说笑话,别人说我一点儿都不幽默。

> 如果我幽默,别人会不会认为我耍嘴皮子呢?

幽默感是可以通过后天训练培养起来的。多看幽默故事,与幽默的人打交道,在家里搞幽默风趣的活动,都可以培养幽默气质。

我会这样想

1 多看一些笑话、脑筋急转弯,让自己有幽默的细胞。

2 多和幽默的人相处,看别人是怎么塑造幽默感的。

3 一些恰到好处的幽默会化解尴尬局面,有助于处理好人际关系。

第六篇 提升交际能力的秘诀

社会交际能力训练 >> **如何培养和善用幽默感？**

① 培养幽默的气质

多看幽默故事，练习幽默情景表演，与幽默的人在一起感受幽默。在幽默的"滋润"下，自然会培养出幽默的气质。

② 练习用幽默代替责备

试着用幽默和诙谐的语言与人交流，化解尴尬，解决棘手的难题。

③ 用幽默的方式进行拒绝

当别人提出自己做不到的请求时，不妨用幽默的方式拒绝对方。这样既不损害彼此的自尊心，也达到了自己的目的。

④ 幽默是有原则的

就是说，幽默的语言要以不伤害他人为原则，幽默的对话要以礼貌为原则，幽默的动作要以没有危险为原则。

成长问答 >> 如何把握幽默的分寸？

英国著名戏剧家莎士比亚曾说过："幽默和风趣是智慧的闪现。"幽默是智慧的火花，是生活的调味品，是一种人格力量，能够使我们缓解学习压力，化解各种小矛盾，应付突如其来的尴尬局面，创造和谐的人际关系，吸引到一帮好朋友。学会幽默，可以使我们的人际关系更和谐。

幽默是一种高雅的调皮，不是低级趣味。我们在说幽默俏皮话时，要把握分寸。不能以他人的身体缺陷、长相、缺点为素材，不能用嘲笑、讥讽、戏弄同学的方式娱乐。对他人不尊重的诙谐，都谈不上是幽默。

小贴士 TIPS

一名学生的幽默故事

数学老师正在上课，忽然发现坐在第一排的江风在埋头写着英语作业。老师停止了讲课，看着江风说："在老师的眼皮底下，还敢写英语作业？"没想到，江风低声说："我以为，最危险的地方往往最安全。"话音刚落，同学们都笑了，老师也笑了，说："事实证明，最危险的地方不一定安全，一旦暴露就只有危险。所以，赶快把该转移的东西转移走。"江风会心地笑了。老师用幽默化解了这个尴尬局面。

32　在合作分享中快乐成长

我在堆积木时正一筹莫展，家里来了一位小客人。妈妈说："你们一起玩吧！"我心里画了一个问号："为什么要和他一起玩？他会跟我抢积木的！"但是妈妈说："你们一起搭积木，如果在10分钟之内搭完，我们就出去玩。"于是，我们两个一起，很快就盖起了一座雄伟的大楼。合作真好，两个人的力量比一个人的力量大。

大家为什么要合作？就是为了更快地完成任务。我们都知道1+1＞2的法则，团结的力量更强大。通过分工合作，就可以凝聚大家的智慧，提高效率，更快更好地完成任务。所以，学会合作，实现共赢。

成长中的烦恼

两个人合作,有了矛盾怎么办?

都想做主,谁听谁的?

总有人偷懒,想让别人多干点儿,不公平。

合作需要相互包容,能者多劳,合作共赢。在合作中,不要太在意个人得失,要发挥各自的长处去实现大家共同的目标。

我会这样想

1. 合作就要互相协商,分工配合,每个人都尽力干好自己的事。

2. 大家可以举手表决推选一个能力最强的人当领导,少数服从多数。

3. 能力强的可以多干些,帮助能力差的,这样就可以提高效率了。

第六篇 提升交际能力的秘诀　149

社会交际能力训练 >> **如何在合作中使自己变强大？**

① 不计较个人得失

多参与集体活动，学会奉献与分享，包容别人的缺点和不足，不计较个人得失，有时候吃亏是福。

② 向别人学习

三人行必有我师。我们要善于发现别人的优点，为别人的优点鼓掌，向优秀的同学学习。

③ 学会分工协作

学会分工协作，发挥各自优势，在合作中共创共赢共享。

④ 实现合作共赢

个人利益不能凌驾于集体利益之上，必须置于集体利益之中。在维护集体利益的前提下，才能最大化地实现个人利益。

成长问答 >> 我们为什么要培养合作精神？

个人的力量是有限的，而群体的力量却可以巨大无穷。拳头之所以要比五个手指的力量大得多，是因为当拳头攥紧时，整只手的全部力量都凝聚在拳心，力量更强大！所以，我们要学会合作，在合作中实现共赢。

现代社会，分工越来越细，我们比以往任何时候都更需要协作精神，需要资源共享、信息共享。所以，我们从小就要培养这种协作精神，把自己的能力与别人的能力结合起来，取长补短、互助合作，实现 1+1>2，合作共赢。

小贴士 TIPS

从下面这个小故事里体会合作的意义

科学家做了一个实验：把七八只黄蜂同时关进一个密封的小木箱里，几天以后将箱子打开，发现木箱的四壁出现了七八个洞，每个洞里有一只黄蜂，但是都死了。这些小洞都是黄蜂钻出来的，最浅的也超过了木板厚度的一半，但是都没有钻透。假如这些黄蜂能够团结合作，都在同一个洞里轮流钻上一段，它们完全可以轻易钻破木箱，飞出绝境。可惜的是，它们不懂合作，只顾各自逃命、各自钻洞，结果一只也没有逃出来。

交际能力调查

1. 你觉得尊重别人重要吗?

2. 在与人交往过程中,你善于倾听别人的意见吗?

3. 你是否善于发现别人身上的优点? 你会赞美他的优点吗?

4. 你们家人说话幽默吗? 你有没有积极培养自己的幽默感?

5. 你喜欢与人分享你的学习方法吗?

6. 你觉得自己的同学关系怎么样? 你为改善同学关系努力过吗?